生涯現役を目指した私の生き方

短い人生をどう生きるか

角礼可

KADO REIKA

幻冬舎MC

京都渡月橋の私

春枝母と私

社員旅行途中の社用車前

兼六公園下の私

二見浦の私

倉敷市内の私

庄川ダムの私

宮島の岩惣内の私

下呂温泉水明館内の私

三重県厚生年金会館の私

草津温泉の私

JR関西本線列車内の私

結婚式

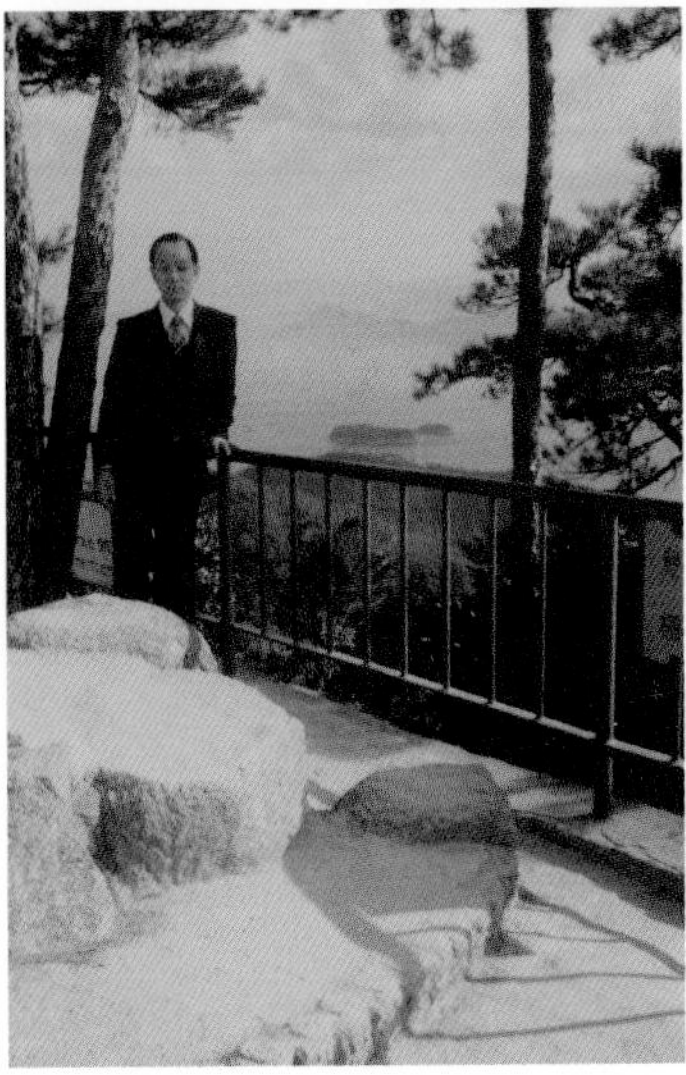

宮島公園の私

那智の滝の私

宮島神宮内の私

上の山温泉旅館の私

秋田県田沢湖プリンスホテル内の私

古葉旅館内ホール前の私

白糸の滝の私

五色沼（福島県）EIAJ委員会

金沢大学同窓会（北陸本線）

EIAJ国内安全委員会_
東大寺（奈良）

※EIAJは社団法人日本電子機械工業会の略

生涯現役を目指した私の生き方

短い人生をどう生きるか

緒言

角礼可は肺結核にかかり二年間金沢大学を留年しました。昭和三十二年（一九五七年）四月、金沢市内の自宅を後にして、Ｔ商事株式会社に就職。ソニートランジスターラジオとテープレコーダーの修理の仕事に関わりました。その後、Ｓ家電メーカーに転籍し、主に業務用テープレコーダー関連の試作開発の工務、製品検査、経営企画、製品技術規定の立案、外注管理、作業者教育、部品検査の他、会社の一員として、社団法人Ｎ電子機械工業会国内安全委員会副委員長、テレビ、音響機器、カメラビデオ安全小委員会の各主査を歴任しました。平成四年（一九九二年）、定年退職後、経営技術情報システム研究所を設立し、公益社団法人神奈川県Ｋ診断協会会員となり、神奈川県の中小企業診断や設備貸与診断に従事。また、エネルギー環境改善指導員、研修会講師、ＪＩＣＡの海外技術支援事業、財団法人日本規格協会嘱託、中小企業事業団嘱託、神奈川県立Ｔ図書館内での経営創業支援相談員等を歴任しました。四百社を超える企業と関わり、会社員と公益財団法人会員をそれぞれ五十五年間にわたり活動に関わりました。勤め始めて三年後、原宿の貸家で吐血し肺結核が再発し、右上葉肺摘出手術を国立東京第一病院で受け輸血が原因と思われるC型肝炎にかかり、T病院肝臓内科や同分院でウイルス特効薬投与のため、八十歳を過ぎて入院する等の結果、だるい体を引きずりながらの生活を送っており、生涯現役に近い生き方が実現できたことを不思議に思います。

試練に遭遇しながら、何とか生きてこられたのは医療機関のお陰であり、家族や関係機関の支援によるものと考えており、感謝しています。

目次

第三部

第四部

第五部

第一部

一―一　高岡の思い出

私が生まれて間もなく港町はずれにある貸家に家族三人で移り住みました。家の前は海岸で富山湾が広がり、晴れた日には港の遥か向こうに立山連峰が聳えて見えました。車道脇の岸壁から飛び降りると砂浜でした。自宅の裏の道路沿いには氷見線のレールが見えます。その先は山の傾斜地でした。母の春枝は私の小さな手を引いて近くの雑木林から枯れ枝を拾い集めて自宅に持ち帰り、釜戸やコンロに入れて煮炊きをしておりました。自宅近くに病院が建っておりましたが、人影を見たことはありません。父光春は私をお風呂屋に連れて行き体を石鹸で洗ってくれました。又、暑い夏の間、私の家族は隣町の雨晴海岸の民宿の二階の和室を借りて過ごしました。波の音が絶え間なく聞こえて、海が荒れた日は少し怖いと感じました。父が仕事で出かけた後、晴れた日には母は水着に着替え、私の手を引きながら宿の石段を下りて、川沿いの草むらから氷見線ガード下を抜けたところにある静かな浜辺に連れて行ってくれました。

源頼朝の岩に波が寄せては返す静かな海です。母は砂地に腰を下ろし、私は波打ち際で体を波に打たれて遊び、朝の楽しいひとときを母と過ごしました。

父は夕方役所から家に帰り、食事を済ませると、宿の貸し船でキス釣りに出かけるのが習慣になっておりました。又、父の職場の宴会場は、宿の近くにある旅館の二階の大広間で、私は父の傍に座り、ご馳走を食べました。大人の人達の賑やかな笑い声が聞こえます。仲居さんがジュースを私の御膳に持ってきてくれました。

夏が終わり再び伏木の自宅に戻ると、父は時々私を勤め先の郵便局に連れて行くこともありました。郵便局では、電話交換手の大寺さんが私に声を掛けてくれたのを今も思い出すのです。郵便局の海寄りの通りには小川が流れ、岸辺に床屋がありました。父は私をこの床屋で散髪させて、終わると隣の建物から私を迎えにきました。別の日の休みには鹿島さんのご自宅に父と共に遊びに行ったことも思い出すのです。鹿島さんご夫妻はもしかしたら、Ｆ郵便局局長のご夫婦だったかもしれません。又別の日には、父は少し離れたＫ郵便局に私を連れて行き、局長と父は親しげに会って話をしていました。Ｋ郵便局長は背が高く、すらりとした人で、私に優しく接してくれました。Ｋ郵便局長のお宅は氷見線の伏木駅から一駅手前の能町という所です。私が高岡市内のＳ高等学校生の時、Ｋ郵便局長の奥様から連絡を受け、能町の山田さん宅を訪ねていき、奥様と娘のＲ子さんと私の三人で、畑作業をしたことを懐かしく思い出します。R子さんは私とほぼ同年齢で、母親似のすらりとした美人です。中学首都圏同窓会鎌倉見学会が開かれて、数十人の同窓生の中に山田R子さんが出席していたことを後日になって知り、私は彼女に会えなかったことを残念に思っています。当日、私は審査の仕事で出張中でした。

伏木は港町で、小矢部川の下流の河川敷には船舶が停泊する港があり、貨物船が停泊して荷物の積み込みや荷下ろしの様子が見えました。

そして伏木駅から港まで鉄道のレールが敷設されていました。又対岸にも船が停泊をしているのが見えました。港が見える山側には伏木気象台の大きくて高いアンテナが、列車の窓からも見えました。

ある時、母と私が自宅に戻ると、近所から津波だ、逃げろの声が聞こえ、母は私の手を強く握りしめ、自宅の裏山に急ぎ足で逃げました。後ろを振り返ると、海から轟音がして、白波を立てながら浜辺に押し迫ってきました。津波が引いた後、私と母が自宅に戻ると、家の壁が床上五十センチメートル程海水で濡れており、もし逃げ遅れていたらどうなっていたか恐ろしくなりました。

父はなぜこのような場所に住むことにしたのでしょうか。恐らくこの場所なら、母の病気を周囲の人に知られなくて済むと、考えたためかもしれません。

一—二　祖母の家から幼稚園に通園

私は母春枝の生家である高岡市内で、昭和七年（一九三二年）一月十四日に長男として生まれました。富山県第二の都市高岡は、商工業都市で、Ｔ自動車高岡工場、Ｓアルミ工場その他の中小会社と商店街が数多くあり、活気に満ち溢れておりました。高岡駅近くの城址公園には加賀前田利長公の築城跡、又当時の名残りとして土蔵造りの家並みがあり、最近は観光で訪れる人が増え駅前にあるすし店等の映像がテレビに映し出される頻度も増えたように思います。

祖母は市内西北部で古着店を営んでおりました。着物、下着、帯、足袋、反物、洋服等売れる商品を地元や京都の古着問屋街に出かけて商品を購入して、店頭に陳列し、販売しておりました。女性の来客が殆どで、結構お客さんが絶え間なく見えました。

商店街には古着店、お菓子、電気モーター修理屋、洋家具店、桐たんす加工販売店、タバコ屋、塩屋、薬屋、提灯屋等の他、風呂屋もありました。七月七日の七夕は、家の軒先に立てた背の高い竹竿の枝先に色とりどりの色紙が紐で結ばれ賑やかでした。七夕祭りが終わると、千保川の横田橋の袂から一斉に竹竿を川に向かって投げ込む風景が今も私の脳裏に甦ります。金魚売りやどじょう売りが肩にかけた天秤棒をゆらゆらさせて張りのある声で叫びながら店の前を通り過ぎていくのです。市の西北部の金屋町には鋳物工場が軒を連ね建っていました。

軍服姿の兵士が店の前を通ることもありました。馬車馬もよく見かけました。寒い静かな晩にはチャルメラの音が聞こえました。

秋祭りには獅子舞が商店街を一軒ずつ歩いて回り、そのお返しにご祝儀袋にお金を入れて、店主が獅子舞の人に手渡しをするのです。町内全部回り終わると、どの位の金額になるのでしょうか。

川巴良《かわら》諏訪神社通りにはうどん店があり、夕方になると赤提灯に灯がともり、私は何度かその店でおでんを食べました。又、千保川の橋を渡った先の横田町には、女子校があり、朝夕、絶え間なく女子校生が祖母の店の前を大勢通り過ぎました。

私は祖母の家から四軒先にある、岸本広重君の古着店の奥から階段を上がり、二階へ頻繁に遊びに行きました。店のある一階は猛重君と彼の父が寝泊まりし二階は広重君と彼の母の部屋でした。店は広重君の祖父と彼の母が共に、店の切り盛りをしていました。広重君と猛重君は従兄弟同士でした。猛重君には母親はいませんでした。広重君の母は私には優しく、自分の息子同然のような接し方をしてくれました。

私は叔父の信一と一緒に千保川岸辺にウグイ釣りに行き、叔父の傍でじっと釣り竿の先の浮きがぴくぴく動く様子を見て面白いなあと感じました。叔父も、私と同じく好き嫌いの激しい人で、食卓では度々このようなおかずは食べたくないと吐き出すように言うのを私は耳にして、叔母を気の毒な人だなあといつも思っていました。叔母は大変おしとやかな性格の心優しい人で、私は今まで他にこれ程穏やかな人を知りません。叔父には二人の娘がおり、私よりも年下で一緒に住んでいました。夏の季節は家の座敷で蚊帳を吊り、休みました。

祖母は高岡駅前通りのS旅館に幾度か私を連れて行き、旅館の上品な年配夫婦と親しく話し込んでいるのを見ました。この家は、夫婦と娘のU子さんと旅館のお嫁さんの子供のMさんとその母親の五人家族でした。私はこの旅館でMさんと私を、将来一緒にさせたいという話を耳にしました。Mさんは可愛らしい女の子でした。又祖母はよく片原町通り近くにある市の公設市場に私を連れて行きました。市場の中央両側を通る狭い通路の奥にある、立蔵果物店に立ち寄り、店番の若い青年と話し込む様子を屡々《しばしば》見ました。この店は祖母の妹が開いており、その息子の次男が、早稲田大学を卒業してこの店で働いていたのです。その後青果店を閉めて、新たに建材店を開き、兄弟で会社を運営するようになりました。

祖母の夫は既に他界しており、私の母方の祖父の飯塚常次郎は千保川沿いの川岸でマッチ工場を営んでいました。祖母の家の奥二階には、マッチ箱に使われた分厚いデザイン帳が何冊も残っており、私はこの見本帳を一人で繰り返し眺めていたことを思い出します。祖母は髪の毛が黒く、私は彼女が中庭に面した長い廊下の途中のたまり場にある、鏡を覗き込みながら、瓶の中に入っている水油を指先で頭にこすり付け、髪を綺麗に巻き上げる様子をよく見かけました。

母方の祖母の実家は、横田橋を渡り川沿いの道路の次の丁字路を右折し、金屋町の通りの東の端にあり、高岡駅前通りから直進している広い本通りの交差点角地が亀谷鋳物工場です。この家は玄関口から中に入ると、左側が部屋で通路よりも高く、右半分が通路でその奥に鋳物工場があります。私は祖母の実家でどのような物を加工しているのか知りませんでしたが、祖母のお兄さんは、威厳のある感じがしました。私はあまりこの人に親しみを覚えたことはありませんでした。それに対して、祖母の弟の叔父さんは、Ｓ高校手前にある金属加工工場でコツコツと、加工作業を座りながら行っており、優しい人でした。

私はその後、神奈川県で経営診断やエネルギー環境改善指導員として、県内の鋳物工場を何軒か訪問しております。子供の時、金屋町の祖母の本家で見た鋳物工場が、私の脳裏をよぎりました。

一―三　市内の小学校へ通学

七歳の四月から私はＢ小学校に入学し、母方の祖母の家近くの藤村家の貸家に移り住むことになりました。建物の外観は洋風の窓が道路に面していました。窓の傍の玄関の石段を上がると、座敷とその奥に板の間があり、板の間の引き戸の外には池があり、コイやフナ、ナマズ、金魚、メダカが元気に泳いでいました。私はこの家から小学校に通学していましたが、学校まで二十五分近くかかりました。

教室では前から三列目の机に座り、背丈は小さい方でした。私の教室には男子生徒が五十人程いました。竹尾君は一年生の時から級長でした。竹尾君と私は大学も同級生で同じクラスでした。

父は朝食を済ませ、家から歩いて高岡駅まで行き、氷見線に乗ってＦ郵便局に通勤しておりました。朝私が家から学校に行く時、母に学校に行くからねと声を掛けると、母は行ってらっしゃいと、弱々しい声で送り出してくれました。

母は一人で床に就いたままでした。私は学校から家に帰っても、母の傍には近寄れず、寂しい思いをしました。母の病気には特にこれといった治療手段もありませんでした。訪問の医師が看護婦さんと私の家に上がり、母の傍でカバンの中から取り出した聴診器を、母の胸元に当て、軽く呼吸してと言いながら、心音を聞き終わると二本の指先で、母の胸元を軽く叩き、はい，終わりましたよと告げます。看護婦さんが母の着物の襟元を合わせ終わると、どうぞお大事にと言って帰るのでした。

家の前の川の対岸は高台で、幅の狭い木の橋がありました。又、対岸には風呂屋の排水溝から湯気の濁り水が川に流れておりました。排水口の右側の高い石垣の内側に、大きな栗の木があり、秋には風呂屋の排水溝に栗の実が幾つも落ちていました。私は幅の狭い橋を渡り、栗拾いをしたことを思い出します。祖母は店の仕事で来られません。

背の低い同級生の山村君の家は千保川の川沿いにあり、彼のお母さんはある宗教の信者で、私の母親を気遣い、祭壇に向かい祈禱を唱えてくれました。

学校では駆逐艦と呼ばれていた私は、毎日放課後、校庭のグラウンドで、体育の細田先生から短距離選手としてのトレーニング指導を毎日受けていました。男子生徒と女子生徒の教室は別で、共学ではありませんでした。然し細田先生のトレーニングの時間は私と一緒に同学年のS子さんもいました。彼女の家は高岡駅に近いS病院で、綺麗なお嬢さんでした。私は放課後の時間彼女と一緒に過ごした当時のことを思い出す度、懐かしさが込み上げ、何時までも忘れることはありません。高岡市内の小学校対抗試合の四〇〇メートルリレー競争で、私はいつもラストランナーに指名されました。

晴れて暖かな日、学校の昼休み時間には多くの生徒が校庭で遊び、私は校庭の松の木の下で、アリの巣の穴に細い木の枝を差し込みアリ釣りをして遊びました。

高岡には国宝の瑞龍寺があり、担任の先生に引率されて瑞龍寺へ幾度も行った記憶があります。然し私にはこの寺院の建物の中に入った記憶がありません。お寺の入口は閉まっていました。又教室から清水町にある貯水塔にも先生に引率されて行った記憶があります。五月一日は関野神社の春の大例祭日で、町では有形・無形文化財の金工、漆工の山車も出て賑やかでした。ユネスコ無形文化遺産にも登録されています。神社の境内には屋台が並び、奥にはサーカス団の建物が建てられていました。円筒型の建物の内側で、オートバイが激しいうなり声とともに駆け回る曲芸等を一人で見に行った頃の、懐かしい少年時代を思い出します。

祖母の家では、お重箱に詰められたかまぼこや玉子焼き、野菜の煮物、寒天、魚の塩焼き等の御馳走と、お赤飯を食べました。

一―四　母との別れ

母は床に就いたまま昭和十六年（一九四一年）の一月十六日に亡くなりました。私が九歳の時です。母の弟の信一も、それから間もなくして、母と同じく肺結核でこの世を去りました。祖母は夫を亡くし、僅かな間に三十代の息子と娘二人にも先立たれ、やるせない喪失感に打ち拉《ひし》がれていました。可哀そうな人です。然し祖母は顔には出さず、残された三人の孫達の世話に生きがいを感じながら、店を一人で切り盛りし続けたのです。私は外孫として、深い愛情で祖母に包まれ頼りにされていたのです。

一—五　父の再婚

母の亡くなった年の十二月八日太平洋海戦が始まり、我が国は戦時体制下に入りました。一年前の昭和十五年（一九四〇年）の我が国の人口は七〇三〇万七五四人と統計データで表示されています。

昭和十六年（一九四一年）四月、米穀配給通帳制度が導入され、同年八月、食堂、料理店の米食禁止。九月砂糖、マッチ、小麦粉、食用油集制配合切符制度導入。

母が亡くなって二年後、父は東京文京区の文士の家で生活していた山田ますみと再婚し、前に住んでいた場所から徒歩十分程の距離に在る、住吉町の新築の二軒の貸家のうちの手前の家に移り、生活を始めました。

その後、一家は再び伏木一宮の光西寺の二階の貸間に移住しました。ここから私は中学校に通学を始めました。買い出しのために多くの時間を費やした日々と共に、ゆとりのない生活、お米と衣類の物々交換等、お金があっても欲しいものが手に入らない状況が続きました。私の家でも竹行季《たけごうり》の衣類を鉄道輸送の際に紛失しました。時代で人の運命は変わりますが、いつの時代も内外環境変化を受け入れて、生き抜く覚悟が必要かと思います。

昭和十六年（一九四一年）十二月、日本軍がマレー沖海戦でイギリス戦艦を撃沈。翌年二月にオランダ領インドスマトラ島パレンバン降下作戦占領。同年三月、地上からビルマの首都ラングーン占領、ジャワ島占領、オランダ軍全面降伏。同年四月バターン半島アメリカ軍降伏、同年八月フィリピンガダルカナル島の日本兵全滅、日本兵とアメリカ軍南太平洋海戦。昭和十八年（一九四三年）二月日本兵ガダルカナル島撤退、同年五月アッツ島玉砕、同年十二月学徒動員。昭和十九年（一九四四年）、七月サイパン島玉砕、八月グアムテニアン島玉砕、十月沖縄大空襲で那覇市壊滅、十一月人間魚雷出撃、昭和二十年（一九四五年）一月アメリカ軍フィリピンルソン島上陸、三月硫黄島陥落、そしてＢ29爆撃機による東京大空襲が始まりました。

敵機襲来の時、人々は防空頭巾を被る人や、防空壕に身を隠すモンペ姿の女性も数多く見かけました。空襲警報のサイレンが鳴り響き、地上から高射砲の音が聞こえても、上空のＢ29爆撃機はゆっくりと飛行を続けて撃ち落とされた場面に遭遇したことは決してありませんでした。

男は戦地へ行き、多くの女性と子供が自宅に残されていました。食べ物も次第に少なくなり、簡単には手に入りません。お米は配給制度で米穀通帳を持って米屋で買います。働き手をなくし、貧しく淋しい生活の家庭が多くなりました。町の中では出征兵士を送る歌とともに、別れを惜しむ風景が思い浮かびます。

家のラジオのニュースで我が国の勝利の報道が暫く続いた後、我が国の大型戦艦が米軍の空爆で、撃沈されたという報道が次々にあり昭和十九年（一九四四年）十一月日本軍のサイパン基地が陥落すると、米軍のＢ29戦略爆撃機の基地となり、ここから日本の国土に向けて頻繁に飛来可能となりました。昭和十九年（一九四四年）三月二十日、東京大空襲で焦土化し、次から次へと主要都市が空爆を受けるようになりました。特に戦略的目標による軍需工場の破壊で、茨城県内にあるＮ航空製造機工場では、Ｂ29対戦闘機に対する日本軍の次期主力戦闘機の開発設計製造部門での仕事ができなくなり、同社のＮ社長は日本が此の戦争に勝つ見込みは消えてしまったと思うようになったことを後で私は知りました。我が国の戦力は急速に低下し衰え、どうにもならない状況に陥りました。昭和二十年（一九四五年）八月一日未明から二日にかけて富山大空襲がありました。広島、長崎原爆投下による市街地被害を除き、Ｂ29爆撃機による空爆での市街地被害では、国内で最大規模となる攻撃があり、二十キロメートル程離れた、祖母の家の裏庭から、夜空に照明弾投下のゆらゆらと揺れながら光り輝くような薄気味悪い様子が目に入りました。それを思い出すと戦争の怖さが甦ります。一九四四年（昭和十九年）六月三十日の閣議で、国民学校学童疎開が決定され、三年生から六年生の小学生集団疎開が始まりました。親から引き離された子供達の不安と恐怖、空腹、友達間の喧嘩等、容易に解決できないことばかり。

母の弟の圭一さんはサイパン島かアッツ島かの、いずれかの戦場で亡くなりました。

その年の九月二十日、妹の裕子が石川県珠洲《すず》市新保の母の実家で生まれました。私とは十三歳の年の差があります。

一―六　中学校

私が中学生になってから我が家は再び港町の一の宮の西光寺二階の一室での生活が始まりました。母は実家で長女を産んだ後間もなくして自宅に戻ってきて、お寺の建物一階の井戸から吸い上げるポンプの水を使い、台所に立ち、食事の煮炊きをしていました。

早朝からお寺の住職のお勤めが始まり、お経とともに鐘の音と太鼓の響きが静かな空間に響き渡るのです。この寺には境内の坂の途中に下寺が二軒ありました。

境内から海を見渡せば、立山連峰の山々が広がり雄大な景色です。お寺は高台にあり、直ぐ横の道の先は山に通じています。風通しが良く夏の昼下り、木陰は涼しくて気持ちが安らぎます。二階の部屋の後ろの窓から墓地が見下ろせますが、夜はどことなく薄気味悪さを感じ、良い心地はしませんでした。墓場の一角から燐《りん》の火の玉のような光景を夢か現実か忘れましたが、見たことを思い出します。夏には二階の窓から、背丈の高い木々の枝先に、数匹の蛇がとぐろを巻いているのが見え、私は気持ち悪さを感じました。

私は夏休みに入ると、海水パンツを身につけ、天候の良し悪しに関係なく、港の岸壁近くの数十メートルの深い海で泳ぎ、疲れると岸壁で休み体が乾くとズボンとシャツを着て、歩いて家に帰りました。近くには友達が一人いました。私が社会人になり逗子に家庭を持っている時、中学五〇首都圏同窓会が銀座で開かれました。伏木で中学の同窓生だったT君と初めて顔を合わせ、彼は藤沢市内に住み、貿易関係の仕事をしているとのことでした。二十五年後の出会いで私はびっくりしました。

夏季休暇中、私は一人で、地元の駅から高岡駅まで行き、北陸線の津幡駅で七尾線に乗換え、穴水駅で下車し、穴水駅始発の乗り合いバスで能登新保の祖母の住んでいる家に行きました。新保海岸で一人海水浴遊びをした後、祖母が裏山の畑から採ってきた西瓜を土間の井戸水で冷やして食べました。二、三日間過ごし早朝の三時頃一人で、真っ暗な山道を歩いて、九十九湾の渡し船乗り場に着き、対岸からやってくる始発の渡し船で、小木港まで行き、船を乗り換え七尾港で下船した後、七尾駅から汽車で津幡駅で乗り換え、北陸本線の高岡駅から氷見線で伏木駅まで帰るという一人旅を幾度もしました。又冬休みに私は、自宅から一人で伏木駅から氷見線と北陸本線に乗り換え、津幡駅で七尾線に乗り換え、七尾線の穴水駅まで行きました。穴水駅からは乗り合いバスに乗り換えましたが、雪の降る道路を満員のバスが小木港の九十九湾沿いの急な坂道の途中、エンストを起こして動かなくなったのです。バスの乗客全員が、「バスから皆降りて下さい」と言われ、乗客の全ての人々が乗り合いバスから下車してバスの中には運転手一人になりました。数人の男性が空になった乗り合いバスの後部車体に両手を当てて、皆で声を出し合いバスを力強く押しながらバスのエンジンがかかるまで押し進めると、漸くエンジン音が聞こえ始めました。運転手の男性が窓から顔を出し、「皆さんどうぞ、お乗り下さい」と言い、バスの後ろについて雪道をとぼとぼと歩いていた乗客は、女性と子供を優先して再びバスに乗り込みました。私は終点の飯田駅でバスを乗り換え、松陰橋手前バス停で下車し、忠魂碑の建っている前の道を通り、祖父母の家まで歩いて行きました。

祖父母の家ではもち米をふかし、餅つきをし、あずきや、きな粉を付けて餅を食べました。又、夏は幾度か母と共に新保の祖母の家に出かけたこともあります。

私は中学二年生の四月から一年間、珠洲市内の中学校に転校し、祖父母の家から学校に通うことになりました。祖父の家は農家で野菜やお米を作り、自宅の敷地も広々としており牝牛を一頭飼っていました。玄関を入ると土間で、右にトイレ、左は板の間続きの座敷と納戸があり、座敷には囲炉裏がありました。平屋建ての建物の天井は煤で黒くなっていました。トイレの隣にガラス戸があり、狭い中庭があり、その奥は蔵でした。土間の突き当たりは狭い台所で台所の横には丸くて大きな風呂桶があり、コンロとご飯を炊く土釜がありました。トイレは土間に大きな丸い桶を埋め、桶の両端に二枚の厚い板を置いたもので、板に腰を下ろし、用足しするのです。木製の分厚い引き戸を閉めると真っ暗で何も見えません。夜はなるべくトイレに行きたくないのです。肥溜めに落ちる可能性があるからです。

春には祖母と近くの用水池の周りで、わらびやぜんまい採りに行ったりしました。

中学校では直ぐ友達ができました。

自宅裏の畑や前の道路の向かい側は自宅の敷地で納屋があり、その手前には牛小屋があり、一頭の牝牛を飼っていました。私は牛の首に太い縄を結び、牛小屋から牛を連れ出しました。溜池のある山間の道に差し掛かると、牛が急に私の胸に角を押し付け、崖と牛の大きな体に挟み込まれ、私はこの時死ぬかもしれないと一瞬思いました。誰か助けてーと叫びたいけれども、周りには誰もいません。この時私は怪我することもなく、どうにか牛を連れて、早く帰りたいと、気持ちが焦るばかりでした。私は二度とこのような散歩に行かないことにしました。

その後、私は牛小屋の前で牛の陣痛と出産現場に居合わせ、その一部始終を観察したこともありました。

私は祖父母の家から歩いて三十分程の所にある、中学校に通いました。中学校では相撲が盛んでした。元の中学校に通学していた時は優秀な生徒が多かったので、転校先の中学校の教室で、私は誰にも引けを取らないと思っていました。

父方の祖父母は私が中学校に転校した理由は、お米が充分にあり、若しかするとこの家の跡取りとして私が考えているのかなあと、思っていたのかもしれません。私の父は二十歳になるかならない年齢で、この家から出て郵便局に勤め始め、サラリーマン生活を送るようになったので、私がいつまで、こんな田舎に留まっているのか、い続けられるのか祖父達は疑問に思っていたかもしれません。

休みの日の早朝、祖母は自宅裏の畑から摘み取った野菜をリヤカーに積み、飯田の朝市に行く準備を忙しそうにしているのを私は見て、「おばあちゃん私も一緒に行くから」と言って、祖母と話をしながら朝市会場に行きました。リヤカーに積んである野菜類を台の上に広げ、並べた品物を全て売り終わると、空になったリヤカーを引きながら自宅に戻りました。

祖母は気の強い人で、何かにつけて祖母が、夫を怒鳴り散らし、私は祖父を愛しく思いました。

祖父母は孫の私が、この家にやって来たことは喜んでいたように思いますが、刺激の少ない田舎は、仕事や働く先も少なく、早く元の中学校に戻りたいと考えるようになりました。

父方の祖父は長女すぎ（一八九九〜一九二二）、二女きみ（一九〇四〜一九一九）、三女須佐（一九一五〜一九二一）妻のとぎ（一八七八〜一九五四）の三姉妹の四人の肉親を亡くしています。私の父の光春が十三歳から十七歳の間に、肉親が三人も亡くなりました。祖父妻のとぎは角家から分家に行き、祖父は西家（仮名）から角家へ婿として来ました。祖父の生家はこの町の海辺にある鍛冶屋です。

祖父母の居間には囲炉裏があり、食事は祖父母と三人で、囲炉裏を囲み畳の上の御膳で食事をしました。

私が通う中学校では二年生の一年間が終わり、私は再び元の高岡中学校三年生に転校しました。

ある日私がお寺の境内にいると、突然横揺れの大きな地震が起きました。急いで自宅の部屋に戻り、ラジオのスイッチを入れると、福井市内で地震により多数の家屋倒壊が起きているとの臨時ニュースが報道されていました。私の住んでいる伏木地方の震度は、推定でマグニチュード四程度の揺れだったと思います。伏木と福井は数百キロメートル離れているので、地震の大きさとしては私が今まで感じた揺れの大きさが一番大きいと感じました。津波と地震の怖さが身に染みるのです。

又私の通っていた中学校のグラウンドには空飛ぶジャイコスコープの基地があり、ヘリコプターの爆音が屡々聞こえるので、うるさいと感じました。私は学校の昼休み時間に教室の同級生数人と、校舎傍の小高い草地に腰を下ろし、ひとときを過ごしました。同級生の頭の良い生徒は成績抜群でした。後に製薬会社の社長に就任したとのことです。

私は親になるべく負担を掛けないように意識し、中学では図書クラブに入り、図書室の『蛍雪時代』（旺文社）という受験雑誌を借りて、自宅に持ち帰り読みました。高岡駅前にあった本屋では、参考書を一通り買い求め、受験雑誌は買わずに済ませました。又私は東京の大学受験は考えたことはありませんでした。小学生時代は人一倍遊びましたが、中学生時代は常に将来のことを考え、真面目に勉強するようになりました。この頃から私の性格は徐々に変わり始めたかもしれません。食べ物の好き嫌いも無くなりました。

一―七　市立中部高等学校から市立西部高等学校へ

昭和二十二年（一九四七年）から学区制度変更により、私は中学校三年生の時、中部高等学校と名称変更となり、その後学区制度により、西部高等学校と変わりました。
私は伏木一宮の自宅を離れ、祖母の住んでいる中島町の家から、西部高校生として通学を始めました。学校まで歩いて十五分程ですが、校舎は以前女子校でしたから、建物は古くトイレは皆女性用の設備でした。中学校校舎と比べて私は少し違和感を感じました。この女子校校舎に山田Ｒ子さんも、そして私の母も、通学していたことは間違いないと思います。

私は数学クラブと図書クラブに入りました。数学クラブは若くて素敵な北沢先生が担当で、同級生の飯田久君、元木君等の他数人の男子生徒と共に、放課後、大学入試問題の答案解答練習に、熱心に取り組んでいたことを思い出します。

図書クラブは男子生徒よりも女子生徒の方が多く、クラブ員同士で遊んだり、旅行も楽しみました。

中学時代の友達の下埜保彦君や体の大きな河村君が、私の住んでいる祖母の家を訪ねてきて、前二階の居間で蓄音機の針を取替え、トルコ行進曲やトロイメライ、冬の旅、新世界その他の曲を三人で、聞いたりしたことが懐かしく思い出します。下埜君の家は高岡駅から北陸本線の福岡駅で下車し、駅前から少し歩いた所にある酒蔵のある家でした。私は彼の家にも遊びに行きました。

秋には早朝腰に竹籠をぶら下げ、祖母の家から千保川沿いに内面の街を通り、二上山神社前の山道を歩いて上りました。右側中腹の傾斜地でしばたけ、しめじ、ネズミたけ等採りました。山には蛇が沢山いました。高校生活は、楽しかったと思います。

祖母の家には従姉妹の手塚Ｉ子と、妹のＫ子もいました。私達は兄弟姉妹同様の暮らしをしていました。

昭和二十六年（一九五一年）三月、私は西部高等学校を卒業し、石川県七尾市に移り住むことになったのです。十九歳まで祖母のお世話になり通しでした。

一月中旬に行われた大学入試一次試験は、順調に問題解答ができ、試験終了前には教室に答案用紙を裏返しにして出ました。金沢駅から汽車に乗り高岡駅で下車し祖母の家に帰った後、私は高校手前にある風呂屋に行きました。数日間して第二次大学入試が二月に入り始まると、この時も入試科目の試験問題は難なく解答でき、大学工学部電気工学科に入学できました。

一―八　大学工学部電気工学科入学

私はその後高岡を離れ、石川県七尾市神明町に住む、家族の家に移り、七尾駅から金沢駅まで行き、大手町のＮＨＫ金沢放送局前の通りを通り大学の大手門を入り、教養学部の講座を受けました。又数学などの理工科目を受講する場合は、香林坊から兼六公園へ行く道路左側にある、元第四高等学校の建物だった理学部の校舎に行き講義を受けました。大学の授業が終わると、寄り道する間もなく金沢駅に向かって歩き、七尾線で自宅に着く頃には外は暗くなっていました。帰りの列車は津幡《つばた》駅を通過した後、乗客は下車する人が殆どで、羽咋《はくい》駅を過ぎると客席には数人しか乗客が乗っていませんでした。ですから私はこの時少し怖い雰囲気を感じたのです。大学の授業は休講や早く終わる講義もあり、まちまちでしたから、私は二年間毎日通学で、時間の余裕は殆どありませんでした。そのため七尾市内の街をよく知りません。大学の夏休みは自宅から歩いて七尾港に行き、小さな客船に乗り新保の祖母の家に行き、冬休みは七尾駅から汽車に乗り、穴水駅で下車し穴水駅発の能登飯田駅行きバスに乗り、祖父母の家に行きました。

父は異動により、郵便局から金沢電気通信局に異動することになりました。

昭和二十八年（一九五三年）、私の両親は東金沢駅近くの金沢市鳴和町の土地を買い求め、そこに二階建ての家を建て文具店を開きました。家の横の土地には蓮田《はすだ》があり、季節が来ると早朝パンという音がして、綺麗なピンク色の花が咲きました。家の裏側は田畑が広がり、長閑な雰囲気でしたが、雨の降る季節に差し掛かると、長雨で家の周りは川のようになり、フナやコイ等の魚が泳いでいたのが思い浮かびます。

自宅前の道路向かい側には塀で囲まれた広い敷地に二階建ての電気通信局の建物が建っており、周りは高い塀で囲まれていたので、殆ど外から見えませんでした。役所の入口左に、赤色の郵便ポストが立っていました。

母は自宅近くの市立中学校売店で、毎朝パン工場からコッペパンや菓子パン等を仕入れ、コッペパンを半分開き、その中にクリームやイチゴジャムを塗り込み、浅い大きな木箱の中に沢山のパンを詰め、母の姪に手伝ってもらい、中学校売店の昼休み時間に合わせてパンの販売をしておりました。

母は活動的で自分でパンの販売をしようと考え実行したのです。ですから文具店の方は大した売上でなくても、パンの販売は確実に収入に結び付いていたと私は推測しているのです。

私は文具の仕入品の単価や仕入れ品の品定めを担当し、店番もしながら工学部に通いました。自宅を出て市電の鳴和駅から橋場町で電車を乗り換え、終点の小立野《こだつの》駅で下車し、徒歩十五分先の大学校舎に通学しました。小立野の大学附属病院近くの場所には、金沢のある刑務所がありました。七尾線で大学に通学していた時には、往復五時間かかりましたが、金沢の自宅からは往復一時間半程でした。私は文具の仕入れをするとともに、家庭教師も行い少しでも親の負担が減るように努めました。家には九歳の妹と六歳の弟がおりま

川崎市内にある火力発電所

した。昭和二十九年（一九五四年）四月金沢大学三年生の春、電子工学科主任教授の引率で、川崎市内の東京電力の発電所見学に参加した私は、川崎駅の東口に降り立った時に駅前の空き地には雑草が生い茂っているのが目に入り、戦後の荒れ果てた、都市の一面を垣間見た気がしました。

　大学三年春の健康診断で肺結核と診断され、その年の大学夏季休暇の二か月間小立野の大学附属病院伝染病棟の八人部屋に入院し、担当の医師から絶対安静にするように言われました。伝染病棟と一般外来は長い廊下で仕切られており、外来へ行く時は、必ず患者に看護婦さんが付き添うことになっていました。八人病室担当の竹林さんは、浴衣姿の私の体に寄り添うように長い廊下を歩いて別棟の扉を開け、外来に付き添い、私の処置が終わるまで、廊下で待っており、処置室から出てくる私に病室まで付き添ってくれました。彼女との巡り合わせは、何か運命的なものがありました。なぜか彼女に最初会った時から私は親近感を覚えました。

内科外来の小山先生は附属病院講師でしたが、私は気胸処置とストレプトマイシン注射、パス、ヒドラジッドの各錠剤の三者投与の処方をしてもらいました。病気への不安な気持ちが少しずつ解消し、先行きに希望の明かりが見え始めました。

又その後若くて背の高い医師が私の担当になりましたが、その、担当医から私に対し医局に遊びに来ても良いからと言われました。私はそれから時々医局へ病室から遊びに行きました。大学の二か月間の夏休みが終わると同時に、私は退院して外来へ自宅から通院することになり、工学部の講義も受講し始めました。

母は私の入院中病院に来ないのに、私に好きな人が出来たことを知っていました。

大学の同級生は、私が病気で入院していたことを知りません。同級生は就職に目が向いており、主任教授による就職先斡旋等の忙しさに追われているようでした。

結核は簡単に治るものでないことは承知でしたが、私は大学を二年間留年し、大学工学部長に署名付き健康診断証明書を発行してもらい、電気工学科主任教授の推薦で、就職試験を受けて合格し、昭和三十二年（一九五七年）四月、T商事株式会社に就職することになりました。

第二部

二―一　T商事株式会社に就職

私はT商事株式会社に就職し、東京八重洲口大丸デパート傍の東京国際会館ビル五階にある本店で辞令を受け取り、東京支店に配属されることが決まりました。

この会社は戦後いち早く創設された井波さんと森田さんの名コンビによる掘っ建て小屋からの出発した小企業です。最初計測機器等の製品作りをしていましたが、トランジスターという半導体を使いラジオ受信機の生産組み立て販売に、取り組み始めて業界の注目を浴びるようになりました。井波さんは技術者で、人のやらないことを経営理念に掲げて会社経営に挑み、世間の注目を浴びるようになりました。その後テープレコーダーの生産から販売までも手掛けるようになり、市場ニーズに応えて成長途上の会社になりつつありました。それらの製品名にはローマ字の名前が付けられて生産販売されたのです。東京支店の社員には二十代から三十代の若くて活気溢れる雰囲気を感じました。東京支店は新橋駅に近い銀座八丁目の土橋通りに面した所にあり、新橋駅に近く総勢五十人程で、家庭的な雰囲気がありました。総務、庶務、業務、営業の各部門があり、私は業務技術に配属となりました。私の部門には私を含めて、八名の社員がおり、私の担当は、都心部及びその周辺の地域です。車両部の石田さんの運転する車両に乗り、故障したテープレコーダーの修理依頼の連絡を受け、石田さんの運転するシボレーで客先まで行き、修理品を引き取り、会社の二階のサービス室で、修理します。終わると、再び修理完了品を車に積み込み、納品するのです。顧客はデパート、劇場、学校、会社の特約店で、社内ではトランジスターラジオの修理も行っていました。

日劇が有楽町駅近くに、内幸町にはＮＨＫ放送局がそれぞれありました。池袋から少し車で走ると大根畑が見えました。東急東横線沿線にも空き地がありました。私は仕事を終えてオフィスを出て駅に向かう途中、屡々新橋駅から降りてくる、綺麗な着物姿の女性が足早に歩く様子に出会いました。彼女達はナイトクラブや、喫茶店で働く、お店のママやマダムだったと思います。このような出会いの場面は、新橋駅界隈でしか見られないように私は思いました。見かける女性は皆颯爽とした姿かたちでトップクラスのような人だったのではないでしょうか。

東京支店の斜め向かい側角に、ナイトクラブで有名な東京ショーボートがありました。

会社の昼休みには、一人で、松坂屋裏側にあるスエヒロのすき焼きを食べに行ったことを思い出します。近くの第二ホテルで、コーヒーを飲んだりもしました。

銀座四丁目角には二階建ての会社のショールームがありました。私は夕暮れ時の銀座の街が好きでした。仕事を終えて、近くのサントリーのスクールに一年間通い、バーテンダーのシェーカーの使い方や、洋酒のシェイクマナー等も学び、懐かしく思い出します。

二―二　T通信工業株式会社に転籍

私が東京支店で働き始めてから二年程経過した時、会社で私は近く新潟支店に異動するようだとの噂話を耳にしました。それが本当ならこのまま放置しておけば、地方に行くことになります。その虚しさが一気に溢れ出て、そのままじっとしていることができず、私の所属の担当課長に、私をT通信工業株式会社に転籍させて下さいと願い出たのです。暫くして私の望みが受け入れられて、品川御殿山の、T通信工業株式会社に転籍することになりました。

その後T通信工業株式会社は社名をS株式会社と改名したのです。昭和三十四年（一九五九年）のことです。私はカタカナの会社名になり、当初少し違和感を感じました。この頃の従業員数も四千名程でした。

私は最初品川本社工場第二製造部の所属となり、東京支店で扱っていた民生用の製品から、放送局向けまで、肩掛け式テープレコーダーの組立調整の技術指導を受けていました。
私は最初は世田谷の東松原町の閑静な場所にある住宅の二階の一部屋を借りていましたが、その一年後には東急東横線の学芸大学駅から通勤するようになりました。更にその後、原宿竹下通りの平屋建の貸家に、東京大学伝染病研究所勤務の若い三十代の医師と同居し、山手線の原宿駅から五反田駅間の通勤に変わりました。貸家の家主は東京大学伝染病研究所勤務の若い医師でした。原宿の貸家は私の会社の勤労部の紹介で契約したのです。

ある朝、私は洗面所で喀血し、洗面器が一面真っ赤な血液で染まりました。喉から込み上げる、ごぼごぼという気持ちの悪い嘔吐が突然起きました。未だかって経験したことがない突然の緊急事態です。私と同居していた医者は、素早く私を江古田にある中野病院に、入院手続きをしてくれて、私は半年間ほど入院しました。その後、担当の東先生から、国立東京第一病院に転院するように勧められ、先生の紹介状を持って、私は新宿若松町の国立東京第一病院内科に転院しました。

この頃石原裕次郎の映画が若い女性に人気があり、病院の若い看護婦さんの中には〝ゆうちゃん〟と騒いでいる人もいました。

私はその後外科病棟に移り七月の暑い夏日に、杉葉拓郎先生の執刀で、右上葉肺摘出手術を受けました。その翌年の三月頃、逗子小坪の湘南サナトリウム病院に移りました。

二―三　証券金融投資の開始

私は勤め始めると同時に、Y證券渋谷支店の窓口に行き、一年満期の債券投資を始めました。

当時『１３，８００円』という歌が流行し、私の初任給も一万三千八百円でした。

会社では月末の二十五日の午前中、四階にある総務課の女性から、私は紙袋に入れられた給与を受け取りました。

私は生活に必要なお金を計算し、残りのお金は、渋谷にあるY證券の窓口で、一年満期の債券投資に回しました。

Y証券渋谷支店の入っているビルの六階には東急名画座があり、私はこの映画館で洋画を一人でよく見ました。現在このビルは建て替えられてヒカリエと名称が変わり、建物も高層棟となりました。

私は債券投資から株式投資へと幅を広げ、主に電気関連株の売買を積極的に行うようになりました。確実に利益に結び付く状況が続きました。その後私はY證券からD証券五反田支店に取引先を替えました。勤め先から徒歩で行ける駅前の便利な場所にあるので、利便性から、そうしたのです。

この時の私の担当者は課長職の男性でした。ここでも頻繁に株の売買をしました。その後私の仕事内容も変わり、今度はＮ証券東京本店営業部に取引先を変えました。

　私の窓口担当は女性の戸山さんで、ベテランの彼女が私に推奨する色々な金融商品を、言われるがまま頻繁に債券の売買を継続的に行い、取引による投資残高も増え続けた結果、四十代で三千万円から増え続けました。独身で三十代前半だった私は、毎月の生活費に余裕が出来たので、不動産としての土地の広告に関心が向くようになり、朝日新聞の広告欄に造成された土地の一画を購入しようと考えました。私は一人で小金井にある母の住んでいる家から、休日中央線の小金井駅から吉祥寺駅乗り換えで井の頭線に乗り、渋谷終点駅で東急東横線で横浜駅で下車し、横須賀線の横浜駅から鎌倉まで電車に乗り、鎌倉駅前から京急バスでＫバス停で下車し、西公園近くの土地の一区画を契約しました。現地の開発整備された団地内の区画を見て回りました。バス停からの所要時間、日当り、両隣の配置などを勘案し購入する土地を誰よりも逸早く現地で契約したのです。そして契約金を支払いしてから、元来た経路を逆に歩き始めて帰路に着いたのです。

　昭和四十四年（一九六九年）の一月頃のような記憶があります。それから愈々《いよいよ》自宅設計図の構想に入りました。フリーハンドで部屋の見取り図を作成し三十坪の二階建て木造家屋に決めました。私は木造家屋が好きでした。畳の部屋も好きでした。車庫の敷地もゆとりあるものにしました。家の外玄関を出ると三段の石段があり、そこを降りると車庫と通路に分かれています。北側建物の際の車道の向かい側は崖と公園に続き閑静です。その年の十二月二十七日、私は明治会館で結婚式を挙げました。新妻の和子と共に東京駅まで車で行き、横須賀線で鎌倉駅まで電車に乗り、鎌倉駅からタクシーで新居に向かいました。そして結婚生活は新築の自宅で始めました。静かな二人だけの暮らしの始まりでした。この年の年末年始は自宅で過ごし、買い物は逗子と鎌倉駅前のスーパー等に二人で出かけ、家に持ち帰り、和子が調理をしてくれました。団地内は空き地ばかりで一キロ先にある披露山公園が建物の敷地内から南に見えました。近くの区画には二軒の家があり、中年の奥様方が私の家の黒電話機を貸して下さいと訪れて、妻の和子に優しく声を掛けてくれており、私は会社に通勤し始めても、一人だけの妻の寂しさを、それ程気にしませんでした。結婚式の仲人は金沢工業に勤める友人の、七幡氏夫妻に依頼しました。彼は私と同年齢だと思います。

　私は会社の上役に仲人を頼みたいと考えたことはありません。マイウェイです。然し独善的行動や考え方にはそれなりの留意しなければならない事項があると思われます。そして我が道を行くのです。

二―四　放送局向けテープレコーダー開発試作部門

昭和三十五年（一九六〇年）私は肺結核で二年間の休職を余儀なくされた後、大田区の武井宅の一階の部屋を借りました。東急池上線の久が原駅から電車で終点の蒲田駅で下車し、ガード下をくぐり抜けて東口駅前から羽田行きバスに乗り換え、バスの終点一駅手前のバス停を降り、Ｓ羽田工場に通勤を始めました。私の休職中、第二製造部は羽田工場に移転していました。羽田工場で私は計測レコーダーの設計課に配属となり、次にＮＨＫ向け高級テープレコーダーのプロット一から、プロット三までの試作品の研究開発係の、資材工務担当を命ぜられました。ここは私を含めて七人の技術者による、Ｓ社とアメリカのＡ社の合弁事業による特別な職場でした。仕事場は、計測レコーダー部門の二階で、社内外秘扱いのシークレットだったように、私は思い出します。技術的相談支援のため、Ａ社から数人の外国人技術者が私達の職場に派遣され常駐していたのです。

有園〈後の副社長〉さんが課長で、有賀〈後の社長〉さんが部長でした。

又試作開発担当者の中から、後に取締役と部長職に就いた人もいます。

その後、私は本社六号館に戻り、公共放送向け据え置き型テープレコーダーの取扱説明書並びにサービスマニュアルの英文和訳をしてＨ活版印刷所に製本印刷発注をしました。銀座にあるＨ活版所には、よく打ち合わせのために通ったことを思い出します。製本化されたマニュアルは私から営業部の荒木久子さんに渡しました。又営業部の彼女と私は幾度か打ち合わせのため、会社から外出して品川駅から山手線電車で有楽町駅迄乗り、駅前から歩いて日本劇場前を通り、阪急デパートのある土橋通りから右折してＨ活版印刷所にも行きました。久子さんは既婚女性で、夫の荒木さんも、彼女と同じ職場の営業マンでした。仕事でしたが昼間の時間に若い男女二人して電車や歩いている姿を見かけた人には、夫婦のように見えたかもしれません。

その後私はレコーダー事業部や、企画管理部門での仕事やデーターレコーダー、ランゲージラボ用テープレコーダーの外注先企業管理、部品受入検査、立会検査、品質信頼性、社内製品品質管理規定の作成、実習生と検査要員トレーニング指導、ＱＣ総括担当、ライン自主管理化推進等の業務にも携わり、販売促進担当を歴任しました。

ある日のことですが、外出で五反田の地下鉄駅から電車で田町駅まで行き、国道沿いを歩いていると、一人の若い女性が私の目に留まりました。私がその人に声を掛けると警戒した様子はなく直ぐ打ち解けました。彼女は若くて素敵な人に見えました。可愛い彼女は婦人記者をしていますと私に言いました。東北の学校の先生を親に持ち、お兄さんがいました。大田区や世田谷区のアパートに住んでいた私の部屋に、彼女が幾度か訪問したことがありました。世田谷区の私の住むアパートを訪れた時のことですが、私の部屋のドアを閉めるとカバンの中から一冊の雑誌を取り出し、私にくれました。雑誌には女性の性器と男女交接の仕方をカラー画像で大きく表記されていました。彼女が私と結婚したいと暗示しているのだと私は解釈しました。又彼女からある日、私に歌手のドリス・デイが来日し歌を歌う予定があるので、彼女の歌う英語の歌詞を和訳してと頼まれました。自信などないにもかかわらずに、私は引き受けましたが、すぐそれを後悔しました。やがて彼女が私に、兄さんに会ってほしいと、私に言い出しました。以前からＳ女子大卒の彼女がＹ新聞社勤務の男性と付き合っていることを、私は聞いていたので、その人と結婚したらと、彼女に言った後、私と彼女の交際は疎遠になりました。その後私の住んでいた嶺町の貸し部屋のような部屋を紹介してほしい、と彼女から頼まれました。

　又別の話になりますが、私が東急池上線で通勤していた時、東急大井町線の旗の台駅で東急大井町線電車のホーム階段を下り、満員の五反田駅行き電車の先頭車両に乗り換えると、私の隣に一人の女性が乗っていました。私はいつしか彼女を強く意識するようになりました。電車が終点の五反田駅に着くと乗っている乗客は皆急ぎ足で電車の中から狭いホームいっぱいに歩き出します。

駅のホームは通勤客で混雑していますが、私の隣に乗車している女性も電車の外に出てから、私と同じ道を歩いて行き、その後について私も歩くのです。東急池上線ホームは三階にあり、階段を下りると、山手線の五反田ホームに連絡しています。又東急デパート側の階段からは、国道沿いの歩道に出ます。彼女は東急デパート側階段を下りて、商店街を品川方面へ向かって歩き、パン屋の店を通り過ぎて右折し、下り坂の角地の建物の中に入っていくのです。

又別の日の朝の通勤時、彼女と私の会社の職場の中岡さんが、親しそうに話をしながら、私の前を歩いている日もありました。

私は会社の加藤正雄さんに、隣の会社の一際目立つ若くて綺麗な女性について、話すと加藤さんは、直ぐその人の名前を私に、教えてくれました。私は機会があれば彼女を紹介してほしいと、頼むと加藤さんは分かったと言いました。

中岡さんは彼女の勤めているＫ製作所の元社員で、彼女とは前の会社で働いていた時から知っている関係でした。

中岡さんはＫ製作所を辞めて私の勤めている会社へ中途入社したのです。

彼はエンジニアで、私の職場ではランゲージラボ用テープレコーダーの設計担当者でした。朝の通勤時私は彼女と並んで歩こうと思えば、それは可能でした。彼女と中岡さんと私の三人で歩けば実現したからですが、私は三人で歩こうとは考えてませんでした。

三人で歩こうとはしなかった訳は、私が彼女と交際するようになった時のことを考えると、他人に二人の関係が直ぐに気付かれることだけは、私は避けたいと思ったからです。

私は彼女が私に近づこうと考えている予感がしていたので、ある朝の通勤時、五反田駅ホームを歩く彼女に私は後ろから、すみませんと声を掛けると、何でしょうと彼女が返事をしました。私は言葉に詰まり黙りながら、何食わぬ顔で、いつもと同じように歩き始めると、彼女も私の後からついてきていると感じましたが、私は振り返ることなく会社に向かったのです。

その後、私は会社の勤労部の住宅情報窓口で紹介された、南青山表参道交差点から近い大通りに面した、布団店隣の平屋建ての家に移りました。

会社へは、表参道交差点を左折し、青山学院大学正門前を通り、郵便局前の下り坂から渋谷駅手前を左折し、渋谷駅連絡歩道を歩き、渋谷駅二階ホームから山手線電車に乗り、五反田駅で下車して行きました。池上線と国電（ＪＲ）五反田駅のホームは直角に交差し、降り口が異なります。会社へ向かう歩道は池上線からは東急デパート側、国電からは駅前にあるコロンバン洋菓子店側になります。

私が渋谷駅から通勤し始めた数日後の朝、彼女が洋菓子店前の歩道で、私が駅改札口から降りてくるのを待っていたのです。幾日も幾日も、私は無視して通り過ぎました。その後私は加藤さんにこの前私がお願いした彼女の件はなかったことにしてほしいと言いました。彼女が洋菓子店前で私を待っていたのにどうして、私から彼女に優しくしてあげなかったのか、只虚しさがいつまでも私の心をよぎるのです。

彼女に申し訳なく思います。彼女の心を深く傷付けたことを心からお詫びしたいのです。

私は会社の六号館一階で、録機高部の米国向け高級テープレコーダーの衝撃試験や製品抜き取り検査を担当しました。

その後、四十七歳で中小企業診断士、四十九歳で神奈川県中小企業指導士の各資格を取得しました。神奈川県K診断協会に会員登録をし、川崎市内企業交流データーベース調査員の委員となり、副業として活動を始めました。又土曜日には神奈川県商工指導センターの公益経営診断の仕事にも関わり、活動を始めました。

本社六号館二階の製造ラインには、十代の若い女性社員が大勢いて、組立作業に従事しており、私はラインの流れ作業で完成した製品の中から、ミルスペック（ＭＩＬ－ＳＰＥＣ：米国の軍用品規格）に基づく数台の製品を抜き取り、試験や検査をした後、結果をラインの春山係長に報告しました。

私が指摘した製品の不良を指摘したことによって二階の製造ラインがストップすると、

本館七階の外国部の米国課の成田さんや角谷さんが、私の職場に駆け付けてきて、角さん何とかなりませんかと、心配そうに焦っていました。その後、今度は社長の岩間さんが私の職場へ来て、如何ですかと心配そうに言われましたが私は黙っていて返事をしませんでした。その時社長はどのように思われたか私は分かりませんでした。アメリカへの製品シッピングが、予約通り行かず、遅れれば契約違反になるでしょう。然しそうだからといって、そう簡単に製品品質検査をパスできないのです。それ故に製造部門での確実な作業指導が大切になるのです。製造ラインには数多くの部品組み立てや確認作業者がいます。皆一生懸命に作業しているのです。ラインで働いているのは全て十代の女性達です。彼女達は地方から上京し、独り住まいの人達でした。総勢で七十人程いたように思います。休み時間に入るとラインは止まり、天井照明が少し暗くなります。職場から一斉に、三階にある社員食堂や、六号館の一階裏口を出て本館の大食堂に行き、昼食を食べる人達が大勢いました。

又六号館駐車場からは、大崎テレビ工場、芝浦音響機器工場、厚木ビデオ工場行きシャトルバスが一時間おきに出ていて、私もよく利用したことを思い出します。

私を含めて録機高部門の設計、技術課のスタッフは連日終電車の日々でした。

私は自分の将来を不安に感じ、又組織に縛られた受身の環境だけでの生き方に、自分らしさを失いつつあることに危機感を覚えました。このままではいけないと考え、八階にある図書室に行き国内外の雑誌二百種類以上に目を通していると、ある国内雑誌の裏面の広告欄にある、企業経営通信学院の通信教育受講者募集の記事が目に入り、私は午後の四時半の終了時間後、会社の三階にある社員食堂で夕食を済ませ、地階にあるロッカールームで私服に着替えました。ロッカールームに鍵をかけ終わるとそのまま出口から外に出て地下階段を上り、国道沿いの商店街通りを歩いて五反田駅から山手線に乗り代々木駅で下車し、企業通信学院の窓口で、通信教育受講を申し込み、通信教育の学習を始めることにしました。

一度決めたら確実に実行することを厭わない私は、月間学習計画書を作成し計画通りの努力の結果、二回目で国家試験に合格し、四十七歳で中小企業診断士、四十九歳で神奈川県中小企業指導士の各資格を取得し、公益社団法人神奈川県K診断協会会員になりました。

当時我が国は高度成長期で、S社の製品もアメリカで人気がありました。私の会社の生産現場をはじめ、いずれの職場も若々しい男女の従業員達で活気に満ち溢れていたのです。私の職場でも米国向けの高級テープレコーダーの生産に拍車がかかり、製品検査の仕事も毎日残業が続き、自宅には午前一時頃着き、風呂に入り、床に就きます。朝五時半に起きて、自宅近くのバス停から逗子駅まで一番バスに乗り、横須賀線電車に乗り換えて、逗子駅から品川駅までの五十分間の車中で私はカバンの中の学習用本を取り出して読みました。電車が品川駅に着くと駅構内は通勤客で、ぶつかりそうな混雑ぶりでした。雨が降り続くと品川駅のホーム階段下の薄暗い地下通路には、水たまり場ができていました。通路の西口階段を上り、駅の出札口を出て駅前の向かい側の歩道に沿って歩き坂道を右折して高輪台の住宅街から御殿山の会社の六号館前まで行きます。国道沿いの階段を下りて会社の地下一階にあるタイムレコーダーに社員証をかざし、守衛さんから職場のカギを受け取り、ロッカーに上着を入れて、濃紺色の社員服に着替え、エレベーターで三階の社員食堂に向かい、食券を渡して朝食をとるのが習慣になっていました。食事を済ませると出勤してくる従業員に顔を合わせて挨拶を交わすのが通例でした。食堂は早朝から夜遅くまで開いているので大変便利でした。昼食時の六号館食堂には百人程の利用者が入れ代わり出入りし、来客も見かけました。メニューは数種類ありました。私は毎日三食を会社の食堂で済ませました。

朝食を済ませると職場に行き部屋の鍵を開けて入ります。会社は午前八時半から午後四時半までの八時間勤務でした。仕事着は会社から支給され、裏地に三越デパートのネームが付いていたのを思い出します。夏服はベージュ色の三宅一生デザインによる軽くて素敵な上着でした。全て男女同じ単色柄でした。

国際見本市会場の担当者だった米国課の角谷さんが、国際見本市会場の他社のブース担当の女性と親しくなり、結婚したとの噂を耳にしました。

その後、彼は東南アジアのＳ社の子会社社長に昇進しました。

Ｓ社は人使いが荒い会社で、当時組織替えが頻繁に行われ、職場の朝礼で確認した事項が夕方には度々変更になりました。

私の所属していた録機高部はその後解体されてなくなり、私は図書室勤務を命ぜられて不本意でした。情報管理の仕事を図書室でするのですが室長は前から知り合いの山瀬さんでした。図書室には厚木工場情報管理室にいた、若い浅羽君がコンピュータによる社内専用ソフトの開発導入を担当しており、その取り組みが注目されていたのです。当時の世界的動向から、これからはコンピュータによるビジネス社会の進展が業界を賑わし始めるような気配を私は感じました。ＩＢＭが脚光を浴びていたのです。

一人の技術者が取り組んで考案するような情報検索・文献検索ソフトでは、満足のいく筈はないのです。

当時の最新の技術動向では、これからがコンピュータの普及期に差し掛かる状況で、ワープロの時代でした。それ故に私は図書室で文献検索要求があれば、社内の保管文献情報を国内外の月刊雑誌を調べて、複写して依頼のあった社員に社内便で送り届けました。

その結果、最新の専門的情報の収集把握に少しずつ触れることになり、有益な時間を過ごせたため、自分にとって有難い職場でした。

ところがそれから間もなくして、ある日私が三階の六号館社員食堂で、製品安全センターの川崎課長と一緒に食事をしながら会話を交わした時、「角さん、よかったら私の職場に来ませんか」と、誘いを受けたのです。私は直ぐお願いしますと返事しました。

その結果私は六号館の五階にある製品安全センターに同じ建物の八階の図書室勤務から、異動することになり、川崎さんの担当している仕事のサポート役である、会社の代表者の一員として、社団法人N機械工業会の国内安全委員会委員長が川崎さん、副委員長は私が務め、その他、私はテレビ安全小委員会、音響機器安全小委員会、カメラビデオ安全小委員会の各主査を歴任、その他第三者試験機関との打ち合わせ用品打ち合わせ会、プラスチック安全専門委員会の各委員を七年間程務めました。会議は千代田区にある東京商工会議所ビル五階の会議室や、大阪支部の会議室で行われました。その他交流会として国内の色々な場所での会議に参加するため、出張をしました。又、各小委員会では、東京と大阪の電気店で自社製品を買い上げて、お店から買い上げた製品を安全試験所に送り届けてもらい、安全確認試験を受けました。

結果は試験所から会社に合否判定が下されて通知されます。

良い製品を生産販売するためにはこのような活動が行われているのです。

会社では、芝浦工場の無響室での試験、製品評価のための音聞き、デザイン室担当者とのデザイン評価作業の立ち会い、設計者との品質試験法相談等、多岐に渡る業務に携わり、二度とない貴重な体験をさせてもらいました。デザイン室長は当時大賀さんでしたが、その後、大賀さんに代わり、東京五輪が開催された時（一九六四年）、私は大村さんの住んでいる最近目黒に購入した家に行き、テレビを一緒に見ました。私の退職後も、私と大村さんとの間では手紙のやり取りが続きました。彼は毎年発表していた洋風画を年賀状に複写して私に郵送してくれました。

1986 金沢市内から車で五ケ山

田沢湖の私

室生寺　妻の和子

長谷寺の私

ETAJ　国内安全委員会（北海道）
トラピスト教会

大阪市天王寺
ETAJ委員会が梅田支部で開催時

1985 岩そう、宮島（広島）

1987 ETAJ委員会_電子工場見学
（下呂）

二－五　会社経営の基本を実体験

三十五年間のビジネス活動を通して、社会人としてのルールを学び数多くの人と出会い会社経営の面白さや厳しさを知り、楽しい思い出も残るなど、私にとり大変幸せなビジネスマン時代を送れたように思います。昭和の時代に生きてきた私としては、懐かしさが込み上げ忘れられません。

二－六　副業開始

四十七歳から私は横浜西口から歩いて数分の所にある鶴屋町の神奈川県民センター五階の公益社団法人神奈川県K診断協会で、川崎市産業振興財団の委託事業である調査員として、活動を始め、土曜日は神奈川県商工指導センターの経営診断業務に従事しました。会社の仕事と並行して副業を始めました。当時役所は土曜日出勤もあり、平日会社員として仕事をし、土曜日は神奈川県商工指導センターの仕事をしました。

日曜日は指導士研究会を鶴見労働会館内の二階で毎週開き、十五年間以上継続しました。

二―七　社団法人N電子機械工業会

N電子機械工業会には当時六百社を超える会員がいて、二百を超える委員会がありました。私が参加した国内安全委員会は、五十名を超える委員構成で、家電製品の製品安全検査試験技術基準に関する事項の審議検討や、基準の法制化に関しての通商省産業省（現・経済産業省）との会議等を目的としたものです。

テレビ安全小委員会、音響機器安全小委員会、カメラビデオ安全小委員会は、国内製品の安全性問題に関する審議検討を重ねるためのものです。

用品打ち合わせ会は我が国の第三者試験機関との製品検査に関する問題を審議検討する場としてのものです。国際製品安全委員会もあります。この委員になると世界各国での国際会議に出席します。

用品打ち合わせ会は、公的試験所と家電メーカーの情報提供と製品安全性に関する技術基準の制定を行います。経済産業省の承認を受けてそれが法制化されます。

プラスチック安全専門委員会はプラスチックの材質や材料に関する有害物質の排除に関する問題を取り扱うものです。

二－八　挫折しそうになった健康問題

私の体は二十代の頃から度々ピンチに追い込まれました。肺結核での大学留年、工学部長発行の健康診断書発行署名、会社入社三年後に吐血、肺結核の再発で入院休職、肺摘出手術、サナトリウムで一年間の生活と、紆余曲折に悩まされながらビジネスマン時代を送りました。そして更に今度はC型肝炎にかかり、Uデオキシコールと言う薬剤を、三十年近く毎食後に飲み続けました。私は起床後体がだるく、今日も休みたいと思いながら気持ちを鼓舞し、活動するしかない。長年にわたり硬くなっている肝臓の検査のため、病院通いはこの先も続きます。肝炎ウイルス除去のため虎の門病院分院に入院し、助かりました。

二－九　会社退職日

平成四年（一九九二年）一月十四日、私は定年退職を迎えました。

この日私はいつもと変わらず自宅を出て逗子駅から横須賀線電車に乗り、保土ヶ谷駅で下車し、神戸町にある横浜ビジネスパーク、イーストタワー五階のテクノロジーセンターの品質信頼性本部に着きました。このビルは相鉄線の天王町駅から五分程の場所にあります。私の所属する事業本部の朝礼で、本部長の星川さんから「角さんは今日で会社での勤務が最後で退職することになりましたので、長い間ご苦労様でした」との挨拶があり、「角さんは今日の日が来るのを、待っていたかのような晴々とした顔をしている」と言いました。

私は今日で会社を定年退職する旨を伝え「今まで色々と皆様にお世話になり有難う御座いました」と挨拶しました。簡単な挨拶を済ませ私は自分の机に戻り、周りの人達がいつもと変わらず仕事をしている傍で、私は机の引き出しから全ての物を取出し、不要なものと会社に返却するものを仕分け整理しました。所有者のいない机を見て、明日から私はここにはもう来ない、定期券も無くなり、明日から切符での生活に入るのだ、そして給料をもらうサラリーマンを卒業したのだと思いました。

私は横浜事業本部にいつも朝一番に出社して、天井の照明スイッチを入れ、帰りも度々最後に部屋の鍵を閉めて帰ったのです。

私は所持品の整理が終わると、後は何もすることもなく、只ぼんやりと雑誌に目を通したり、ウエストタワーに出かけて、時間をつぶすしかありませんでした。

今日の退社時間後は、ウエストタワー地下一階での私の送別会が予定されています。

明日から経営コンサルタント業者としての仕事に切り替わります。既に継続して活動してきましたが、過去のことは忘れて本格的な自分の能力発揮に向けての時がやってきたのです。

又、私は仲間数人と過去十五年間程度、専門研究会活動をしてきましたが、明日からも研究会は続くのです。

第三部

三―一　経営技術情報システム研究所設立

平成四年（一九九二年）一月、私は経営技術情報システム研究所を設立し、経営コンサルタント業者としてのスタートを切りました。定年退職すると失業保険対象の規定により、失業保険適用者となるので、私は受給される一年八か月間を休職し、神奈川県Ｋ診断協会の川崎市内企業交流データーベース調査の仕事を中断し、神奈川県商工指導センターの仕事も一時中断することになりました。その間、私は図書館や県の施設での情報収集等を行うと共に、研究会に参加をして過ごしましたが、書道協会員として活動中の家内が、仕事を休み失業保険受給者になった私が家に長時間いるため、ストレスが溜まり、ゆううつな眼差しで私を避け始めるようになりました。私は逸早く何とかしなければと考えました。そして家では庭木の手入れ、家屋の外壁塗装、錆びた雨樋《あまどい》金具の交換、食材購入、料理、見本市会場見学等、体を動かすように努めました。

三―二　突然の海外出張の依頼

私が会社を退職して二年半経過した平成六年（一九九四年）七月のある日、私の自宅に財団法人日本規格協会の山下という人から電話があり、「角さんにタイ王国工業省標準化試験研修センター職員の技術支援プロジェクトの専門家として、ＪＩＣＡの仕事に参加してほしい」との依頼がありました。期間は七月から十月までの三か月間と言われました。私は急な話で戸惑いましたが、「少し時間を下さい」と告げて一旦受話器を置きました。私は直感的に、机の中にある島村氏の名刺を取り上げ、島村氏の会社に電話をかけて呼び出してもらい、私が受けた仕事の概略説明をし、「この仕事は貴方の専門分野だから、私の代わりにバンコクに行ってほしい」と頼みましたが、島村氏は「頼まれた本人が行くのが当然でしょう、貴方が行くのが本筋でしょう」と言いました。島村氏はＳ社音響機器技術研究所勤務の技術者で技術士の資格を持つ優秀な人ですが、私は島村氏に「それでは私がバンコクに行くしかないですね」と告げ、電話を切りました。先程要請を受けた山下さんに電話をかけ、「バンコクに行きますが、準備のため少し時相の余裕が必要なので一か月間に短縮して下さい」とお願いをし、了解され電話を切りました。次に私は退職した会社の相談役の井口さんに電話を入れ、「お会いしたいので、これから二時間半後、相談役室にお伺いしても宜しいでしょうか」と言いましたところ、「よい」との返事をもらいました。私は自転車で逗子駅まで行き、近くの駐輪場に自転車を預け、横須賀線電車のホームから上り電車に乗って、品川駅まで行き駅前から歩きました。私が退職した会社の一階守衛所受付で、井口相談役にお会いしたい旨を伝え、相談役室に入り、「ＪＩＣＡの依頼でタイの工業省職員技術支援のための研修会講師として、バンコクに行くことが決まったので、私に芝浦工場の音響機器事業本部で、実習をさせてほしい」とお願いしました。井口さんは私が会社を退職して二年経っていることを知っておられたか否かは分かりませんが、快く応じて下さって、前は芝浦音響機器事業本部の部下を知っていたけれど最近は仕事の関係を離れたから、誰が責任者かなあ、と机の上の社内電話帳を捲り、芝浦の音響機器事業本部に電話をかけ、統括部長と相談された結果、了解されました。

　私は自宅に戻り、翌日から芝浦工場の音響機器本部の技術部門で、昔に帰ったような気持ちで実習させてもらうことになりました。毎日、乗車券を買いバスと電車を乗り継いで、芝浦工場に二年ぶりに通うと、昔のことが甦り、懐かしさが込み上げてきました。人に教えられなければ仕事に支障をきたすので、大学ノートに必死で教えてもらった事項について、漏れなく書き記しました。私の専門分野は製品安全ですから、音響機器のＪＩＳ測定法とは分野が異なります。八階の社員大食堂で、久しぶりに会った人と挨拶を交わしました。会社を退職後の二年経過した時の二度とない経験でした。

十月五日、新宿駅西口から歩いて直ぐにある、ＪＩＣＡ鉱工業開発部で、担当の方から、委嘱状、タイ王国工業標準化試験研修センター技術協力バンコク出張案件の関連書類一式を受け取りました。狐につままれたような今まで経験したことがない気持ちのままプロジェクト概要、派遣前の準備についてのお知らせ書類等を受け取り、簡単な説明を受けました。短時間の打ち合わせが済んでも、明朝大船駅七時発成田エクスプレスで出張に出かけるので、慌ただしい一日となりました。私は日常の仕事で、出張には慣れており、持参品を忘れると仕事に支障をきたします。スーツケースにＪＩＣＡで受け取ったトランジスターラジオや、その他の電器機具一式を紙袋に入れて道のりを戻り帰路に着きました。途中渋谷駅で乗り換えた東横線に乗り走る電車の中の自分が、マイクロホン、その他を別の箱に入れ、衣類、洗面具、実習ノート、各種ＪＩＳ規格等、忘れ物は絶対に許されないのです。

そしてＳ社の診療所から一か月分の睡眠薬を処方してもらい、スーツケースに入れました。スーツケースに持参する物を、全て入れ終えた頃には、午前零時を過ぎていました。疲れて、シャワーにも入りたくありませんでした。眠いのですが、眠れませんでした。朝タクシーを呼び逗子駅まで行き、大船駅で下車し、午前七時発成田エクスプレスのグリーン車で成田駅に行き、午前十一時発のバンコク行きタイ航空の二階のビジネスクラスで、私一人の空の旅がスタートしました。飛行機が飛び立つと直ぐに、窓から相模湾が見えます。この下に私の家もあり、私の妻は自宅で、今頃私が空の旅人になり、自宅から離れていくのでしょうと、思っているかもしれません。そして二人の息子もその妻達も、私が出張で頻繁に家を空けることに慣れています。

飛行中取った食事は期待に反して、冷えたグリーンカレーでした。成田からバンコクまで六時間半の旅ですから、飛行中の時間は十分にあります。私は明日からの予定計画のメモを作成しました。到着予定時間が近づくと、私の乗っている飛行機が旋回を始めました。スコールが収まるまで旋回を続けるとの機長のアナウンスです。飛行機がドンムアン空港上空を飛行中、眼下に海岸線に沿った綺麗な陸地が、見えました。建物の屋上には日本語の文字もくっきりと見えました。

暫くして着陸のためのアナウンスがあり、ドンムアン空港に着きました。

空港には担当者が出迎えに来ていることを前日ＪＩＣＡの説明で聞いています。時刻は午後三時半過ぎです。私は税関通過後、出札場から出た際、大勢の人がプラカードを掲げて呼び込む姿が私の目に留まりました。時間経過と共に、辺りは人の群れが少なくなります。飛行機が空港に次から次へと到着し、乗客が出口に来るのです。

長い間ボーッと立ち止まり続けていましたが、突然、私の傍に二人の人が近付き、角さんですねと声を掛けられ、漸く私は安心しました。ＪＩＣＡの人に従って、駐車場まで行き、二台の車で空港から都心に向かって走りました。ドンムアン空港から五十分程して、都心の閑静な住宅街のソイ三十五番地に着きました。道路から奥まったところにある建物の二階には私の到着を待っている人々がいて、荷物を置くと食卓にはでき上がったばかりの料理が皿に盛られており、歓迎会が始まりました。自己紹介が始まりＪＩＣＡの専門家の人々の紹介があり、最後に私の紹介の順が回ってきました。このレストランは、予約された私達だけの会食で、他には誰もいませんでした。ゆっくりと時間が過ぎて行き、宿泊する宿には、九時過ぎに着きました。

ソイ五五の場所にある建物八階の部屋には、バス、トイレ、冷蔵庫、収納、ダブルベッドがあり、室内のカーテンの外は、車の騒音でうるさく、外気温度は夜になっても高く、室内の冷房も終日通電し通しでした。遥か向こうのチャオプラヤ川に停泊中の船が見えます。ランプに照らされた夜空に、船のほのかな姿が浮かんで見えます。ホテルの二十五メートルプールに満水の水が入っておりました。

ここは日本ではない、東南アジアの暑い赤道に近い場所なのだと感じます。窓の外に象が一頭見える時もあります。私は明日八時に、フロントに迎えが来て、車で職場に向かって行くので遅れないようにと言われました。愈々仕事がスタートするのです。宿泊しているグランドタワーレジデンスはバンコクに郊外から働きに来て寝泊まりして週末自宅に帰るタイの人々やアジアンの人等を対象とした建物です。トンローのバス停まで八階の部屋から徒歩数分です。バス停留所は道路を渡った向かい側にあります。バスを待つ人々は絶え間なく続いています。ホテル側の道路沿いには電灯を付けた新聞雑誌売りの屋台や、飲み物や雑貨品の屋台等が連なっており、東南アジアの都心に共通した風景が感じられます。私は今まで数多くのホテルに宿泊した経験からバンコクでの生活は、夜半まで騒々しく、夜が明け始めるとともに眠りから覚めて一斉に騒々しい一日が始まるのです。

十月五日、私が朝食を済ませ、ロビーで日本経済新聞を読んでいると、年配の運転手がＪＩＣＡの人と共にやってきました。車には運転手を含め四人が乗車し、玄関口から右折しトンロー道路のＴ字路で左折し、スクンビット通りを郊外方向に向かってバス通りを走り始めました。都心では朝の通勤時間は渋滞しており、車は進むよりも動かない時間が長いのです。反対に私達の車は都心から南の郊外に向かって走り、スムーズに進むので、標準化センターには五十分で到着しました。

私はスーツケースからヨックモッククッキーアソートの菓子箱を取り出して、標準化センター所長室秘書に手渡しました。スラサック所長さんに挨拶を済ませた後、プロジェクトリーダーが運転する車で、先程走ったスクンビット通りを、都心に向けて走り、バンコク中央東地区にあるＪＩＣＡと、ＪＥＴＲＯバンコク事務所に立ち寄り、挨拶をしました。大勢の職員がフロアーで仕事をされていました。外国人は外出の際には必ず、パスポートかそのコピーを所持するよう言われました。私のパスポートは政府職員用で、普通旅行者用の短期間の刻印が押されていました。けれども私はその期間よりも、より長く滞在する予定ですから、帰国時、空港税関で滞在超過料金の支払い請求額を払わなければなりません。私のパスポートは修正変更が必要なため、ＪＥＴＲＯバンコク事務所で預かりますと言われました。私が自分に発行されたパスポート記載内容をよく確認しなかったために、このようなことになり、恥ずかしくなりました。パスポートはその前日、新宿のＪＩＣＡで受け取った物です。いかにしてこのようなミスになったのでしょうか。

午後標準化センター内の、各種試験設備機器の説明見学をしました。各種検査と試験設備が配置されており、部屋数も多く各設備については専門分野の異なる私には、よく分かりませんでした。

プロジェクトチームの部屋は、一階所長室近くの二階正面に向かって左側の広い空間で、チームリーダーを半円形に囲むような机の配置で、隣りの人とかなり離れています。私の傍に若い女性秘書の机が配置されていました。部屋にはコピー機も設置されていました。

私の担当はラジオ、スピーカー、マイクロホンの技術的な試験法に関する研修支援です。私は若いカウンターパートの人達に、友達のような気持ちで接しました。昼食時には私の担当グループだけで、団地内のレストランで、タイスキを食べたりして、楽しく賑やかなひとときを過ごすこともありました。この敷地は団地として造成されたもので、タイ王国の公的機関による造成ができたのです。

銀行の支店も当団地内入口右側にあり、パーツの交換は、よくこの建物の二階の窓口で行いました。午後四時には、センター玄関口から今朝乗った送迎車で都心に向かいます。スクンビット通りには、日本の車の製造企業の建物を数多く見かけます。バンコク市内の都心に入ると夕方のバンコク市内は渋滞に巻き込まれます。

然しその後、バンコク地下鉄ＭＲＴ、スカイトレインＢＴＳが開通し、現在朝夕の通勤時は東京と同じような便利さが進み、交通混雑解消に大いに貢献するようになりました。

ホテルの敷地内にあるレストランでバーベキューを食べ、夕食は近くの食事処で簡単に済ませ、休日は午後四時過ぎから都心部のサイアムに行き、マーブンクロンセンター五階と、六階にあるオープンスペースのレストラン街で、食事したりして過ごしました。日本円で百五十円から三百円程の金額で、現地の食事メニューを幅広く選ぶことができました。私は百円でチャーハンの、美味しい大衆食堂の百円チャーハンで毎日曜日の夕食を済ませ、バスでトンローまで帰りました。買物はスクンビット通りの、交差点近くの店やデパート等でしました。立ち寄る所は多く、一人歩きは少し寂しく感じました。

ある日曜日の夕方、都心の世界貿易センタービルの向かい側のナライバンの建物前にある外貨交換所で数万円の、紙幣をバーツに交換して、部屋に戻った後、財布の中身が少ないことに気付きました。受け取ったバーツが、合わないのです。翌朝起きてフロントから送迎者で標準センタープロジェクトのＪＩＣＡの川本さんに相談すると、直ぐに応じてくれました。昼食を済ませてから、川本さんの運転する車で、通勤時に通るスクンビット通りを左折し、サムットプラカーン県のサムットプラカーンクロコダイル＆ズー（ワニ園と動物園）に寄り道し、ワニのショーを見学しました。その後前日お金を交換した、外貨交換所に立ち寄ると、窓口の男性は直ぐに不足分のバーツを返してくれたので、私は何とバンコクは怖くて恐ろしい所だなと感じました。もう二度とこんな目に会いたくありません。相手の窓口の男性は、私を騙そうとしたのです。外貨交換は信用のある金融機関がよいと思います。

ある日プロジェクトチームリーダーから、明日私の自宅に来ませんかと誘われました。私は「はい、お伺いしますが、午後一時過ぎでよいでしょうか」と約束しました。翌日私は軽い朝食を済ませ、十二時二十分頃歩いて出かけ、スクンビットのソイ三十九近くの高級住宅地にある、チームリーダーのご自宅に行きました。二階の広い部屋に通されると、テーブルには大きな容器にドリアンの切身が一個分置かれており、私はこの果物を生まれて初めて食べました。奥様から、「ドリアンは果物の王様と呼ばれ、栄養価の高い果物ですが、体に入ると果肉が膨らむため、食べ過ぎに注意する必要があります」と言われました。確かに美味しい果物ですが、匂いもきつく、人により好き嫌いのある果物ではないかと思います。スクンビットは都心の閑静な高級住宅地で、土地や建物の所有者はインド人が多いようです。二階建ての真四角をした外形が同じように見える建物が何軒もあり、同一の所有者だろうと思います。スクンビットの道路左側の路地は、番地がすべて奇数、その右側路地は偶数値となっています。

辺りには、数多くのホテルが点在し、大変便利で住み心地の良い場所です。食べ物は美味しく、日本人の口にも合うと思います。日本人が経営するレストランも数が増えています。然し値段は現地の人が経営するレストランの方が安くて美味しいと私は思います。

バンコクは住んでみたいと思う街の一つです。海外で仕事をするなら先ずはバンコクでしてみたいと私は思います。

1996 グランドタワー
ゲストハウス玄関（バンコク）

グランドタワーゲストハウスで
送迎車の横に立つ私

タイ工業省標準化試験
研修センター玄関前

タイ工業省標準化試験
研修センター二階

1996 伊勢丹
（バンコク）

1996 チャオプラヤ川

三―三　品質マネジメントシステム審査員

昭和六十一年（一九八六年）に制定された品質マネジメントシステムは、国際規格として数多くの国で採用されています。我が国ではＪＩＳ規格としてＩＳＯ９０００品質マネジメントシステムが制定されており、数多くの企業がＩＳＯ９０００を取得しています。この規格は、各国の企業が、取得している任意規格です。この規格を取得するためには、審査機関の審査を受けて、定められた基準に適合しなければなりません。品質マネジメントシステム審査員は、審査を申し込んだ企業に対して、出張審査を行います。審査に合格すれば、一定期間登録証が発行され、公開できます。企業間の取引先の要請で、この規格を取得しているケースもあります。元々イギリスのＢＳ規格として、制定されていたのですが、物とサービスの国際取引のボーダレス化により、イギリスのＢＳ規格が現在の国際規格として採用されるようになりました。ＩＳＯとは、国際標準化機構（International Organization for Standardization）の略称です

会議は親委員会と小委員会（サブ委員会）に分かれ、比較的頻繁に開催されていました。

私は会社を退職後、ＩＳＯ９０００が国内規格として承認されたことを知り、東京上野にある研修会場で、数日間の研修を受け、その後品質マネジメントシステム審査員として

博多駅前

認定されました。

　バンコクの国際プロジェクトの仕事が終わり帰国した一か月後、日本規格協会の窓口に行き山下さんにお会いして品質マネジメントシステム審査員として、仕事をさせてほしいと頼みました。その結果、私は財団法人日本規格協会嘱託となり、国内企業の審査員として仕事に従事することになりました。

　審査の仕事は、事前に質問のチェックシート作成が重要で、審査当日、どの職場でどのような質問をするかを考えて審査に当たります。

　一人で審査する場合と、二人以上で持ち分を定めて審査する場合があります。一日審査もあれば、二日以上かけて審査したりもします。

　審査員は審査報告書を作成し、企業の関係者に集まってもらい、終了会議を開催し、審査結果を報告します。

企業側には後日正式の審査結果が報告されるのです。審査合格か不合格かが決まります。審査に合格すれば登録され、認証書が企業に届きます。定められた期間が過ぎると、再審査を受ける必要があります。審査費用も高額ですし、然も強制規格ではありませんから、一度審査を経験した企業では、自社内での審査に切り替える所もあります。又審査機関は我が国では数多くありますので、受ける審査機関の選択肢もいろいろあります。

右は審査の仕事で博多駅に着いた時の私の写真です。

三―四　サウジアラビアへ出張の依頼

今度は見知らぬ所から、「サウジアラビアでの仕事を貴方にお願いしたい」との電話が突然入りました。話の概要は、現地に駐在し、国の機関で製品安全規制に関する技術基準構築のための技術支援に取り組んでほしいということでした。私はバンコクでの仕事に関しては専門分野が少し異なっていましたが、サウジアラビアの仕事の内容については私の専門分野でしたから引き受ける旨申し上げると、「貴方の英文経歴書が必要ですから会社の方に郵送して下さい」とのことでした。私は「作成次第お届けしますから」とお答えして電話を切り、それから今度は退職した会社の国際部に電話して部長さんに用事があるので電話口に出てほしい旨話しました。そして国際部の部長さんと久しぶりに話して経歴書の英文作成のお願いをしました。数日経過して、私は再び国際部に行き、経歴書の内容を確認した後帰宅し、関係書類を銀座の所在地の経営コンサルタント会社に郵便で送り届けました。それから十日程過ぎて依頼先の担当者から「電話で依頼したサウジアラビアの件は不調に終わった」という連絡を受けました。競争入札が失敗したとのことでした。

この件については、私が働いていた職場からサウジアラビア長期滞在中の友人がいたため、仮に私がサウジアラビアに行っても彼を頼りにして行けば何のことはないので安心だと考えていました。それにしても、どこの誰から私の情報を得たのでしょうか、未だに分からないのです。不思議なこともよく起きますね。これが私の持って生まれた巡り合わせと考えてよいのでしょうか。人はいずこで誰と会い誰と行違うか分かりません。ボタンの掛け違いばかりの人生さえあるでしょうね。人生は本当に不思議な巡り合わせとしかいいようがないのです。

三―五　神奈川県K診断協会での活動

私がサラリーマンの時から副業として取り組んでいた仕事の一つに、川崎市内企業交流データーベース調査事業がありました。調査員は五十名ほどおり、そのプロジェクト統括は、神奈川県K診断協会の副理事長が務めておりました。当時川崎市内には五千社の企業があり、神奈川県は国内でも有数の工業県で活気に満ち溢れていました。私はこの仕事ではその後数十年間で二百社を超える会社を訪問しました。副理事長の後、私は調査プロジェクトの統括責任者に事務局長から指名され、七年間務めました。

当時大企業の海外展開が最も盛んな頃でしたから下請け企業も次から次に海外に事業所移転を始めていました。調査に訪問すると空き地だったりマンションが建てられたりして、川崎市内の企業数が減り続けたのです。そして当初五千社あるといわれていた企業数は昭和から平成にかけて次第に減り続け、三千五百社までになったのです。

余談になりますが、川崎は私が二十代前半の大学三年生の時、工場見学会で初めて訪れた場所ですが、川崎で仕事をすることになるとは全く予期していませんでした。

三―六　公益社団法人けいしん神奈川の役員選考委員会委員と同理事に就任

K診断協会の専務からの要請で私は断り続けていた理事に就任することになりました。経営コンサルタント、公認会計士、技術士、社会保険労務士等、総勢四百人を超える専門家集団としての仕事の範囲は多岐にわたり、私はいつからか事務局に親しみを持ち続けるようになりました。やがて我が国も高度成長期から低成長期に向かい、当初の活発な活動から縮小化の波が押し寄せてこの先どうなるのか不透明な時を迎え、予断を許さない状況になりました。株価も低迷期が二十年以上も続きました。私は四十五歳から八十過ぎまでの長きにわたり、同協会の会員でいられたことはよかったと思います。多くの人に助けられ支えられ、今日まで仕事をさせてもらえたことは幸運でした。公益社団法人けいしん神奈川を辞めてからの十年間は仕事よりも自宅での料理作りや自宅の修理、道路掃除等をして体を動かすことに努めました。体調が良くないのに何とか耐え忍ぶことができました。

三―七　中小企業事業団嘱託

ある時、事務局の専務から中小企業事業団の仕事をしてほしいと言われました。私はどんな仕事かを聞くために、東京虎ノ門の第三十七森ビルのオフィスを訪ねました。その二階の技術情報課に行くと国内企業の環境改善指導員としての業務を要請されました。自営業者は、結局いつでも依頼や要求には「分かりました」と返事することが望ましいのです。仮に専門的に自分に向いてなくても、引き受ければ何とかやれると思うのです。その結果貴方は誰からも信頼される人になることでしょう。またこの頃、私は神奈川県の環境改善指導の仕事で県内企業を回っていました。

私は振り返ると数多くの公的機関、大企業から中小企業と既に数百を超える接触や訪問による相談を重ねて参りました。およそ四十年間もの長い間、新橋、横浜、川崎といった大都市での仕事をしてきましたが、それらはやりたくても容易にはできないものだと考えられます。私は運命の糸に操られて今日まで来ました。健康に関しては医療機関のお陰で健康維持ができたことは間違いありません。

三―八　中小企業診断士と神奈川県経営指導員資格更新研修会

事務局の専務から、今度は中小企業診断士と神奈川県経営指導員のそれぞれの登録資格更新のために必要な研修会の講師を依頼されました。製造物責任（ＰＬ）法についての研修会を行いたいとのことでした。この件に関しては、既に以前から何度か別の所で研修会を実施していましたから、要請に応じて研修会場は横浜西口から近い神奈川県民ホールと横浜中区にある婦人会館ホールでそれぞれ開催させて頂きました。私はテレビ・ラジオを見たり聴いたりする時はニュースが中心でしたから娯楽番組は見ませんでした。自宅では研修会用原稿作成の仕事をしていることが多く、あまり休み時間はありませんでした。友人知人家族等との遠出や旅行もそれ程なかったかと思っております。仕事一筋の生活が長く続いたと感じているのです。若い頃から自分の考え通り意思を曲げずにそのまま維持できたのではないかと考えています。

ＰＬ法についてはＮ電子機械工業会の技術委員会で通商産業省（現・経済産業省）からの法律施行に伴う説明会議にも出席しました。ＰＬ法は長い間製品安全委員会扱いの主要テーマでしたから私達は最新情報に接しておりました。私は専門性を活かしたフリーのエンジニアとして過去の経験や知識がダイレクトに活用できて幸せです。それ故に会社で大変お世話になったと内心いつまでも会社のことを忘れることがないのです。自分の生き方、経験、そして人との交わり、好印象、好かれる、親切丁寧等々の事項は仕事に関する要素として軽視することはできません。

三―九　企業実務者研修会

公益社団法人けいしん神奈川の西村専務から今度は企業実務者研修会講師としてＩＳＯ９０００品質マネジメントシステム研修会を開催してほしいとの依頼を受けて二年間にわたり研修会で講師を務めました。一度に三十名の受講者に研修会を開催しましたから総勢二百四十名の受講者になったと思います。それ故にテキスト作成に時間をかけて臨みました。当時はオアシスを使い文書作成しました。フロッピーディスクの時代です。パソコンと比較しますと、私はＦ通信のワープロが効率的な機器だと思います。なぜかと申しますとソフトの安定性が抜群で、安心して使えたからです。

三―十　神奈川県立T図書館で創業経営相談員として働く

私は七十代後半から創業経営相談員として隔週土曜日に、横浜の県立T図書館での仕事に従事しました。この時色々な方々にお会いしたことが懐かしく思い浮かびます。最近になって、若く三十代からお店を開きたいとの考えを持つ方が増えているように感じます。このような方に対して、公的機関、公的金融窓口その他の相談窓口を訪問して活用することもよいかもしれません。ＩＴによる色々な方法で調査や研究情報収集等有益な情報を掴み、自分なりの方法で計画し実行することがよいと思います。過大な資金の出費を避けて事業に打ち込んでほしいと思います。失敗は恐れず気にしないで済めばよいのですが、困った時どこの誰に相談すればよいか事前に調べておくのがよいと思います。必ず貴方の悩みや難問の参考となる助け人が現れるのを期待します。又、気分転換を図ることも時には必要です。旅行することも心のリフレッシュに役立つかもしれません。私は床の中で問題解決できたり、ある程度時間経過後に問題解決の糸口が見付かったりしたことがあるのでケースバイケースです。時には中止することも選択肢に入れましょう。私が相談を受けた事例を挙げます。大手の運送会社の現役社員から、会社を辞めて新たな仕事をしたいのですがとの相談を受けました。この件について私は会社を辞めずに自分の構想を進めた方がいいとアドバイスしましたが受け入れられませんでした。それ以上の提言はやめました。退職のリスクは生活の収入問題になるから、私はその相談者のような計画には難点があると思っています。資産家なのかもしれませんが。但し相談者の計画通りにした結果、成功する場合も否定できません。数多くのケースで上手く行っている場合もあるからです。

経営相談にも絶対的な回答はありません。過去の経験や知識の下で、質問相談事に対しての回答をするからです。幸いにも私は四百社を超える企業に接してきましたから、幾ばくかのノウハウがあるかと思います。そうだからと言ってそれがどうしたと言われれば何も言えません。私は相談を受けて回答に困ったことは一度もなく処理できたのです。事前準備、事前調査、事前情報収集を確実に実行することが大切だと思います。私はあらゆる分野の仕事で実行しました。それ故に経営相談は私にとっての適した仕事でした。

三－十一　四十年間にわたる学習と専門研究会

私は昭和五十九年神奈川県中小企業指導士の資格を取得し、気の合う仲間五、六人で、日曜日の午前中に鶴見労働会館で集う指導士研究会を発足させ、およそ十五年間にわたり会合に出席しました。各自の専門分野に関する内容を発表し合い、質疑応答、会員による相互情報交換をして、学習に励み仲間とのコミュニケーションを図りました。

その結果、私は製造物責任法の法令解説書を作成し、コピーを会場で配布して、講師として説明し、質疑応答に答えられるようになりました。会員のHさんは病院の事務局長をしており、指導士研究会では医療施設の経営問題が専門でしたから、私は病院経営に関心を持つようになりました。この頃、私は肝炎で虎の門病院肝臓内科の外来に通っていたので、病院の経営診断に関心がありました。又会員のSさんは財務の専門でそちらの関連問題に関しての講習を行っていました。当時の私は平日は会社員、土曜日は経営診断員と一週間暇のない日々だったように思います。この頃行政機関の休みは日曜だけでした。

その後、私はＩＳＯ９０００品質マネジメントシステム専門研究会を立ち上げました。研修会の出張講習会開催リーフレットを作成し、それをダイレクトメールで不特定多数の会社に郵送するなど、同志数人でＰＲ活動を行ったこともあります。又、ＩＳＯ１４０００環境マネジメントシステム専門研究会の専門委員会委員長等も引き受けました。平成十二年八月、神奈川県K診断協会専門研究会交付金の一覧表によると、二十三の専門研究会が設けられ活動していました。農業経営、商業統計活用、人事労務、省エネルギー、街づくり、活力企業、新規事業開発、創業・ベンチャー支援、ＴＭＯ支援、商店街活性化、神奈川県産業振興、東南アジア産業支援、情報システム、高度化事業、後継者育成、財務戦略建設業経営、リスク管理、中心市街地活性化支援グループ、新規事業・創業支援グループの各研究会などが設けられ、会員であれば誰でも自分の希望する研究会に参加することができました。私は独立して活動すると同時にＩＳＯ９０００とＩＳＯ１４０００の各専門研究会について平成八年から十五年間継続して活動の代表者の任に当たりました。

仲間との交流は楽しみでした。昼食を仲間と共にしたことは懐かしく忘れられません。会社員時代にできなかったことが実現し面白い人生のひとときを過ごしました。

その結果、四十年間にわたり四百社を超える企業と折衝し、公的機関で数多くの交わりができて幸運に思います。

そして私は今まで色々な人々にお世話になり、家族に支えられて何とか生き延びることもでき、医療機関に助けられて体を維持できました。心よりお礼申し上げます。

第四部

ビジネスに影響する要素

四―一　経営理念

　事業経営者は経営理念を確実に定め目的、計画、実行に移すこと。主体事業内容に相応しい内容表示をし、それらは全ての当該組織の人が認識可能な場所に表示することが望ましい。経営者が変わる際は経営理念の見直しをすることが望ましい。

四―二　目標

　ビジネスは目標を設定することが望ましい目標は時間の経過で見直しをすること。目標は高く設定することが望ましい。安易に目標を変更しないこと。定められた目標達成のための具体的な計画や手段について、組織の各責任者は確実に整合性を図り設定すること。目標内容について当該組織の全ての人に確実に知らしめること。目標は組織内の人々が理解しやすく、積極的に参加しやすいことが望ましい。

四―三　経験

経験はビジネス能力や幅を広げる重要な要素の一つ。指示された事項について、理解に努め積極的な気持ちで、取り組むことが望ましい。

色々な経験を積めば考え方の幅も広がり、新規事業への参入も容易となる可能性があり、挑戦することが望ましい。

継続的に経験を積めば高度な専門家としての地位を確立することが可能となるでしょう。経験の積み重ねによる活動範囲の広がりが良い結果を生むことになるでしょう。

四―四　努力

何事も努力すればその結果、通常は効果が現れますが、時と場合により幾ら努力しても望む結果が得られないこともあるかもしれません。そのような場合努力が足りないのかそれとも別の取り組み方が必要なのかを立ち止まって考えてみましょう。

努力を継続すれば次第に効果が現れるケースも数多くあるので、諦めずに努力を続けて良い結果を確実なものとすることが望ましいと思う。

四―五　計画

組織は計画を立てること。一年未満の短期計画と長期計画に分けて立てたり、中期計画を立てたりすることもある。

実行可能な計画を立案し計画通り実行するためのプロセスを確実に設定して取り組みましょう。

計画立案する時に色々と課題がある場合、どの課題を優先的に取り上げるのがよいか、十分にその計画が望ましいのかを考えましょう。

計画には期間が明示されており、実現可能なものであることが大切。

安易な計画は実現しやすく、複雑で難易度の高い計画はそれなりの色々な困難さを色々伴うことになるかもしれません。

いずれにせよ計画がないことは停滞に結び付く可能性があるということに留意しましょう。

計画は必要に応じて見直すこと。

四―六　実行

目的を見つけ、目標を立て、計画を実行するために必要なことは何かを考え、実行プロセスを策定し、策定したプロセスに従い、確実に実行すること。組織は実行責任者を定め、環境問題に十分な留意をして進めること。

実行に伴って発生した問題点は、その要因を調べ必要な対策を講じること。

リスクを伴う場合は事前に検討し、可能な限り安全性確保に努めること。

四―七　見直し

計画から実行、実行結果の確認に続き、経営者は見直しを適宜行うこと。見直し単位は一年とすることが望ましい。組織の責任者は見直して、問題があれば改善すること。組織は改善した場合の記録を確実に残すこと。

四―八　プロセス

仕事のプロセスは重要な要素の一つで、仕事に取りかかる前に、そのプロセスを作成すること。

責任者は、組織のプロセスが適切か否かをチェックすること。組織の責任者は、定められたプロセスが確実に実行されているか確認すること。組織の責任者は定められたプロセスが当該組織の人々に正しく理解され、認識されていることをチェックすること。

四―九　コミュニケーション

組織の責任者は組織のコミュニケーションが良好か否かを絶えず確認することか望ましい。

コミュニケーションの良い組織はプロジェクト計画推進に良い結果をもたらすことになるでしょう。

組織の責任者はきめ細かな配慮をすることにより、職場の雰囲気を明るくし従業員にやる気を起こさせることに努めましょう。

特に環境変化の影響や担当者の交代変更等の場合は、コミュニケーションの重要性を考えて、適切な対応を図ること。

四―十　会議

会議は情報伝達、意思の疎通、問題解決、その他各種目的の手段として使われる。

会議には定例会、不定期会議、緊急会議等色々とありますが、組織内の会議は、テーマを定めて、参加者を決め効率良く行うことが望ましい。会議の主催者は時間厳守するように努めること。少人数の会議、大人数の会議もあり会議室の予約や会場の選択と決定を確実にすること。参加者が眠くなるような会議は避けること。食事を入れて会議する時は、費用負担をいかにするか事前に決めて、参加する人に知らせること。組織内での会議の効率化を図ること。長時間にわたる会議では途中に休憩時間を設けること。

会議の主催者は事前準備に十分時間をかけてスムーズに会議が進行するよう努めること。

飲食時間を挟んで会議をする場合、近くの食堂やレストランを利用したり、会議室を利用したりする場合があり、主催者や事務局が、事前に決めるのが通例かと思う。

四―十一　研修会

研修会には社内外のものがあり多種多様といってよいでしょう。

社内研修会には新入社員用、専門性のあるもの、職務に関連する研修会等考えられますが、研修後の効果についての確認も必要ではないでしょうか。

研修会の講師や開催者は参加人員、場所と開催時間等を予め定めて情報発信すること。そしてこの場合の最も大切な要素は開催された会議の参加者に良かったと感じてもらえる内容でなければなりません。研修会終了後には、可能であれば参加者からの感想や意見等を求めて見直すことも必要である。

四―十二　提案制度

組織は提案制度を導入し、組織内の様々な優れたアイデアや意見等を、積極的に取り入れ活用することが望ましい。良い提案には奨励金、提案賞、その他効果的な方法があれば、採用するとよいでしょう。

提案制度は継続的に続けられるようにしましょう。

提案制度事務局を設置し、組織内での提案が、積極的に活用されるようにしましょう。

四―十三　グループ活動

組織内でのグループ活動を通じて、趣味や健康のためによいと思われることを積極的に取り入れていきましょう。

又、グループ活動を通じて、別の組織との交流会を開催することもよいのではないでしょうか。

組織はグループ活動支援担当者を決め、活発な推進を図りましょう。

四―十四　品質

品質マネジメントシステム規格はＪＩＳ規格となり、組織の代表者は必要に応じて品質マネジメントシステムに申請登録するとよいでしょう。

この規格は国際規格である。

取引先からの要請があり、この規格が取得されていなければ、取引が成立しないこともある。

然しこの規格は任意ですから取得する前に取得の可否について検討するとよいでしょう。

国際的にも多くの企業で申請登録されていますが、有効期間があるので留意してほしい。

この規格取得の費用は事前に確認しましょう。

組織の大小でかかる費用が異なる。

四―十五　品質マネジメントシステム

一　顧客重視

二　リーダーシップは経営トップの必須の役割

三　会社員全員の積極的な参加

第四部

四　組織のリーダーが決めた目標は全員で確実に達成に努めること
五　プロセスアプローチ
六　仕事の流れについて見直すことが求められている
七　文書作成の明文化が要求されている
八　改善
九　アップデートによる改善が求められる
一〇　客観的事実に基づく意思決定が経営者に求められる
一一　意思決定に必要なデータを記録すること
一二　関係性管理
一三　取引先との平等関係を守ること
一四　リスク管理
一五　不安定要素の機会をチャンスと捉えて立ち向かうこと
一六　品質マネジメントと事業の統合性
一七　組織で運用管理の品質方針と品質マネジメントシステム受け入れの融合
一八　品質マネジメントシステムの統合が必要な場合

四―十六　環境

近年世界的環境問題が重要な課題となり、地球環境の改善のための国際会議が頻繁に開催されるようになった。

ヨーロッパでは世界に先駆けて、製品材料の有害物質の削減や無害化問題が取り上げられ検討された。

環境に起因する様々な課題の解決が急務となっている。

世界共通の環境問題を検討する国際会議が開催され、我が国の代表者も、国際会議に参加し、審議を重ねてできたのが、環境マネジメントシステムである。

我が国では１４０００環境マネジメントシステムがＪＩＳとして採用されており、主に大企業の多くがこの規格を取り入れている。

四―十七　環境マネジメントシステム

一　ＩＳＯ１４０００環境マネジメントシステムの国際規格がある

二　計画

三　組織の環境方針に沿ったマネジメントレビュー

四　結果を出すために必要な目的及びプロセスの設定
五　それらのプロセスの実施
六　方針、目的、目標、法的及びその他の要求事項に照らし、プロセスを監視し測定し、結果を報告する
七　環境マネジメントシステムのパフォーマンスを継続的に改善するための処置をとる
八　支援
九　資源、力量、認識、コミュニケーション、文書化した情報
一〇　運用
一一　パフォーマンス評価、改善

四－十八　信頼性

組織は信頼性を重視すること。製品の信頼性が高い企業は、競争にも強く安定した利益を確保することができるでしょう。組織の評価は信頼性の高い製品を提供できるか否かに左右されるでしょう。

信頼性の高い製品は競争力に強く、優位性が保たれるでしょう。信頼性を継続的に維持するために、どのような方策や手段を講じればよいかを検討し、努力すること。顧客重視

と組織の弛まぬ努力を続ければ信頼性向上へ繋がることでしょう。

四―十九　ＰＲ

Public Relation（ＰＲ）は組織と公衆間の関係について、組織が明確で簡潔、正確に当該組織に関する理念、方針等を伝達する広報活動である。

他社の誹謗中傷は避けること。過去の実績を含めた事項や、社会貢献度についての情報等、組織の社会に貢献する指針等も、開示している。

又プレスリリースを作成して、テレビ、新聞、雑誌等で情報発信する企業も増えてきた。

ＳＮＳを活用するケースが情報化時代の流れになりつつある。

四―二十　ブランド

組織の経営者は、ブランド力の効果的な向上に向けて、惜しみなく努力することが望ましい。

ブランド力の高い企業の社会的信頼と評価はいかなる企業も望むところですが、油断すれば一流企業といえども予期せぬ問題が生じ、社会が不信感を募らせることがある。

四―二十一　支援

組織は近隣住民と良好な関係を作る努力をする。
組織は地域に溶け込む施策を立てることに努めること。
組織は定期的な地域との対話を通じて、親しみやすい関係を作ることが望ましい。
組織は地域発展向上のために、可能な範囲で積極的な支援活動に参加してほしい。
組織は地域住民から期待されるように努めてほしい。

四―二十二　貢献

組織は子供の栄養不良を含めた世界の貧困問題や、難民問題等困っている人々の問題解決のため、何が必要であり、どのような形の貢献が可能かを考えて実行することが望ましい。

四―二十三　改良

改良に積極的な企業は、日々改良すべき課題と解決策を考えている。
企業が改良に取り組めば、確実にその効果が現れるでしょう。
問題点に気付かなかったり、問題点に気付くのが遅れたりした時の機会損失を可能な限りなくすように努めましょう。

四－二十四　改革

組織は問題が生じた場合、改革が求められる。組織は改革推進委員会を作り、組織の改革に取り組むとよいでしょう。肥大した組織、長い歴史のある組織では、改革を必要とする事項が存在する。改革に抵抗する分子の存在も時にはありますから、改革が容易でない場合もあるかもしれない。

時と場合により外部の支援、助言が有効かもしれない。

改革は組織のトップが率先して取り組むことが望ましい。

改革活動がいつの間にか萎んでしまい、失敗する場合もある。

肥大した組織の細分化により、組織改革実行速度が増す結果に結び付けばよいでしょう。

力強い改革推進者を指名して取り組み前進するよう頑張りましょう。

四－二十五　男女平等

組織の経営者は女性社員が働きやすい職場環境を整え、男性社員も積極的に参画し、組織内での女性の人事の平等化を促進しましょう。組織の女性の意見を取り入れ、責任者は極力女性の意向に沿った、様々な角度から見て良いと思われる事項について、積極的に力強く取り組みましょう。

四―二十六　社外役員

組織は社外役員制度を積極的に取り入れ、組織に関する経営全般について、客観的側面から管理と運営を図ることが望ましい。

社外役員選定の指針を定め実行すること。社外役員には当該組織に有益な信頼できる人を選ぶこと。

社外役員は組織の代表と対立するような結果となる可能性もあることに留意した方がよいでしょう。

社外役員は当該組織の良き理解者であればよいでしょう。

相互信頼性の高い人物が選定対象として選ばれるとよいでしょう。

四―二十七　為替

為替レートについては日々変動するので市場動向、同業他社の為替への取り組み方や過去の為替に起因した事項等を参考にし、専門家が当たることが必要不可欠である。企業の決算に影響する度合いは業種により異なるので、その動向には絶えず経済の先行きについての、見通しも必要である。為替レートの影響が、平均的にできるだけ少なくなるような取り決めが望まれる。

四—二十八　競争

組織は色々な面から競争の荒波を受けますが、それに立ち向かわなければならない。組織の規模の大小、市場での評価、製品のデザイン性、製品の斬新性、方式の異なる製品間の優位性と競争力等、適切な対応が求められる。

成熟した市場では、異分野での競争問題が生じている。目まぐるしく変化する市場や、技術革新による新商品の出現により、当該組織の売上高の減少停滞問題が発生する可能性があります。競争相手と共に共存共栄の理念の下で、競争に打ち勝つことが望ましい。

競争意識が高くない企業の場合、それが、従業員の意識にも反映するように思う。

地域一番を目指しましょう。

どこにも負けないという強い意識を持ちましょう。

情報収集に努め、確実な企業の進展に努めましょう。

四―二十九　優位性

経営者は組織の優位性についての考察に努め、具体的な事項を対象にして取り組みましょう。

扱う製品の品質、価格、デザイン性、便利さ、形状その他取り組む課題を定めて、誰が責任者として相応しいかを組織の責任者は広い視野と多面的観点から考えて取り組むのがよいでしょう。

基礎的研究力の重視、製品開発力、販売力、ＩＴ力、従業員の平均年齢、ブランド、製品の斬新性等色々とある中で、強みを発揮できるものから順番に主力を注げば、効果が現れるでしょう。

四―三十　失敗

失敗は成功の基といわれていますが、失敗の原因が明確になれば道が開ける。

失敗の原因を明らかにしようと試みても、それが容易でない時は気分転換して休息するか、別の事項に頭を切り替えて冷静な時間を持つと、時には予期せぬ閃めきが浮かび良い方向に進展する場合もある。

失敗は誰にでも起こり得る。失敗は一流企業でも起こり得る。

失敗に懲りずにトライしましょう。

果敢な気持ちで努力することが大切。

数多くの事項で失敗を重ねた結果、数少ない成功の道が先にあるかもしれない。

四―三十一　記録

組織は記録が必要な事項を定めて必ず実行すること。記録は有効期限を明示すること。客観的事実に基づき記録すること。記録の保管管理を確実に実行すること。組織の変更に伴う記録の管理者を定めて、確実に移行すること。

記録の保管場所は確実にすること。記録の更新日には明らかな区別をつけて、不要となった記録は廃棄処分すること。

四―三十二　トレーサビリティ

製品の作成組み立てから出荷、原材料の仕入れや受け入れ時の状況等、トレーサビリティは品質保証の観点から、必要不可欠な要素である。

組織の責任者は当該組織内での業務の中で、トレーサビリティの導入についての可否を決定し指示すること。

組織の変更や製品が組み立てられる経路が変わった時は、トレーサビリティの見直しをする。

四―三十三　命令

組織の責任者は命令する相手を定めて行動し、命令する内容を正確確実に伝えること。

命令を受けた者は、指示された内容を確実に実行すること。

指示された内容に納得できない時、その旨を指示した人に確認するとともに、相互に納得がいくまで努力すること。

四―三十四　契約

契約は必ず文書化して行うこと。契約には期限を確実に定めること。契約書の書式がある場合は、それを活用して契約するとよいでしょう。契約書は確実な場所に保管し、必要な時容易に確認できるようにすること。

契約内容に不備な点を見つけた場合、契約者間での見直し修正を行うこと。

四―三十五　統合

分散している組織間の業務効率改善等を目的として、組織の統合が行われる場合がある。情報伝達やコミュニケーション、生産性の改善や二重活動回避などの業務の改善が求められる場合、一か所に組織を統合するとよい場合がある。

グローバルな市場、目まぐるしく変化する内外環境の影響を受けて、組織の活動が現状にそぐわなくなると、経営者は分散と統合のいずれがベストかを検討し決定する。過去の企業経営には分散と統合の繰り返しを続けてきた事実が存在する。

二つの企業がそれぞれの経営者の合意の下で統合し組織の規模の拡大と専門分野の特質による強さを発揮するケースも見かける。

四―三十六　分散

組織のトップが組織の肥大化や複雑化等の弊害を意識し始めた場合は、当該組織を細分化し、細分化された組織の経営責任者を指名し、競争意識を持たせて成長企業に変えていくこと。

組織の細分化で業績を確実に伸ばし、国際的企業となったケースもある。

組織のトップの経営理念と経営方針により、企業発展の道を切り開いて前進する。組織の大株主から組織の分散化要求を出され、株主総会で取り上げられるケースも最近発生している。

四―三十七　リスク管理

組織のトップは企業経営に関し、いつ予期せぬ出来事が発生するかもしれないことを考え、リスク管理を確実にすること。

起こり得る事象を想定し、可能な限り不覚の出来事を回避しなければならない。内外環境変化に伴うリスクの対応が現状のままでよいか否かを、確実に検討し見直すことが望ましい。

四―三十八　整理

組織は全ての職域で整理を確実に実施すること。組織内での全ての人々の整理意識の定着を確実にすること。

又担当者を決めて定められた期間毎に職場巡回し、整理が組織内で定着しているか確認することが望ましい。

組織相互間での巡回も行うことが望ましい。

四―三十九　整頓

組織は整頓を重視し確実に実行すること。組織内で各自が整頓意識を持ち、職場環境改善に努めること。先ず自分の身の回りから整頓を行い、全ての人の協力で明るい職場の雰囲気を作るようにしましょう。

四―四十　清潔

組織内の環境を常に清潔に保つよう、全ての人々が心がけ実行すること。

トイレや社員食堂等は環境衛生法を確実に守り、明るい職場で仕事ができるように努めましょう。うがい、手洗いは日常習慣として確実に実行すること。業務内容によっては無菌室での加工作業が必要な場合がある。半導体工場、食品工場、病院内での無菌室等様々な職場で、清潔さの維持管理が必要不可欠である。

人の出入りの著しい職場では、組織内で清潔さの維持に関する教育研修を実施することは大切なことである。

四―四十一　人事の刷新

淀みのある職場、雰囲気の暗い職場、先行き不安な職場等で、問題があると考えられる原因を取り除くことが必要な時、組織の責任者は思い切って人事を刷新してみましょう。

組織の人事刷新は適切に行うとよいでしょう。

又、年齢のバランスの整った組織は、活力を生むかもしれない。

組織の責任者は、フレキシブルな組織を維持するための方策を考えましょう。

四―四十二　業界活動

組織は業界活動に積極的に参画し実行することが望ましい。国内のみならず、国際的取引交渉問題等を含めた関連団体に参画することは必須である。組織のトップ自ら業界活動に参加し、積極的に参画することにより、蓄積している様々な問題に向けて、活発な活動をすることが望まれる。

四―四十三　社外からのアイデア募集

組織は、社外の斬新なアイデア提案の受け入れ制度を設けるか否かの検討をすることが望ましい。提案された内容は委員会で審議し、採用が決まれば提案者に伝えること。

その後、採用されたアイデアの取り扱いについての検討が必要になりますが、どのように進めていくのがよいかを提案者と共に相談して決めましょう。

採用された提案に関する謝礼などの扱いは、事前に適切に決めておく方がよいのではないでしょうか。

提案されたアイデアの所有権も予め明確にしておきましょう。

四－四十四　製品のアウトレット化

組織は製品のアウトレット化についての内部検討を行い、導入メリットがあれば、導入実施に向けての準備を行い実行すること。

四－四十五　従業員の独立支援

組織は、従業員が独立して仕事をしたいとの申し入れがあった時、内規による支援を行うこと。

組織の支援内容につき、どのような事項について支援するのか予め定めおくこと。

四－四十六　留学生の受け入れ

組織のトップは、留学生の受け入れについて、どのような業務で受け入れ可能かを調べて検討し、前向きに当たること。その結果、当該留学生の希望でそのまま当該組織で仕事を続けたいとの申し入れがあれば　可能な限り受け入れること。

四－四十七　女性が働きやすい職場

女性の働きやすい職場を作るにはどのようなことをすればよいかを関係者が検討審議し結論が出たら速やかにそれらの施策を定めて取り入れること。

四－四十八　退職者の会

組織は退職した人の名簿管理を行い、事務局窓口を設けて、年一度の退職者の集まりを行う組織もある。

目的としては親睦会が主な活動ではないでしょうか。

組織の製品販売を行ったり音楽会等を開催したりしているケースも見受けられる。

退職者の健康維持に役立つ歩きんぐなどを開催するのもよいでしょう。

四―四十九　体力向上のための施設

組織は従業員の体力維持向上のための方策を検討し、関連什器、設備等の設置を検討することが望ましい。

専門的な指導相談可能な機会と、場所の提供も考えてみましょう。

四―五十　医療施設の導入可否

組織は従業員の怪我や病気に対して、組織内での手当てや治療ができないか検討し、可能な限り、組織内の施設で処置ができるようにすることが望ましい。

医療施設や医療従事者の応援や支援が受けられるように検討しましょう。可能な限り導入に前向きな姿勢で当たることが望まれる。

四―五十一　社内報の発行

組織の責任者は社内報担当者を任命し、社内報を発行すること。

全ての従業員が関心を持てるテーマに絞り、投稿者からの投稿も積極的に集まるような方策を立て全ての従業員から期待と親しみの気持ちで、受け入れられるように努めましょう。

又提案制度を採用している企業内で、提案者には抽選で賞金やお買物券等が当たるなど、歓迎される催し物等取り入れてみてはいかがでしょうか。

四―五十二　学生アルバイトの活用

組織は、学生アルバイトが働きやすい環境を整えて、募集するとよいでしょう。当該組織でアルバイトをした学生を、将来優先的に採用する場合が考えられる。

四―五十三　住宅資金の借入制度

組織の経営者は社内住宅資金借り入れ制度を設け、従業員の生活支援をすること。担当窓口を設けること。

金利は低く抑え従業員が利用しやすいようにすることが望ましい。

従業員の生活安定と改善に寄与すること。

四―五十四　居住地

地方と都会の会社の数は、比較にならない程大きく異なる。都会に出れば、各種学校や習い事の可能な機関、専門家も多くとても便利である。どこに住み仕事を見つけ、就職するかは本人の意思で決まる。都会は刺激が多く、若者も大勢いる。若い時は二度とないので、都会で暮らしたいと思う人が多いのではないでしょうか。

然し仕事の内容によっては、都会よりも田舎の方が静かで環境も良く、落ち着くので田舎が良いと考えて、好んで住む人もいる。

又情報化の高度な国では、都会も地方も仕事に関して、変わりはないといわれるようになってきた。

最近では在宅勤務の本格的取り組みを考える企業もあると報道されている。

将来的には都会集中から地方分散の方向に向かうかもしれない。

退職後の生活を都会で送りたいと思う人と、地方に移り住みたいと思う人の数はどのように推移するのでしょうか。

都会では店の数や交通の便利さ、行政機関の財政の余裕などの他、病院などの医療施設が充実しており、利便性を考えれば歳を重ねるにつれて都会暮らしをしたいと思う人の数はこの先も変わらないかもしれない。

然し、国が地方移住に向けての財政投資を行うようになれば都会から地方に移住する人も増えるでしょう。

四―五十五　平等

全ての人には生きる権利があり平等です。正規と非正規の仕事内容が同じなら、支給金も同じであること。又、一時金についても考え方に変わりはない。

男性の育児休暇についても法令に基づき利用しやすい環境を整えること。

四―五十六　外注管理

発注元は外注や下請先に対し、法令遵守の下で、過度な金額の引き下げや過酷な要求は極力避けること。

威圧的態度での押しつけは避けること。依頼する側と依頼される側との間で、相互信頼の精神に反するようなことは避けること。

支払いは速やかに行うこと。下請けだからとの理由で、一方的に他の企業との取引を禁じることは避けること。

発注元と発注先は相互に意思疎通を図ること。

外注企業への過度な期待や要求は避けること。

四－五十七　社会貢献

組織の代表者は社会貢献担当役員を決め、自社が地域社会にどのような貢献が提供できるか検討し計画を立てることが望まれる。

組織の担当役員は、地域住民が当該組織は環境に優しく、親しみやすい会社であるとの印象を持ってもらえるように努めること。

又、組織内の見学会を地域住民に対して行う計画を立てて実行するとよい。

地域住民との交流会を持ち、地域住民との相談窓口担当者を定め、意思疎通を図ること。

組織は年間を通し、当該組織が実施した社会貢献に関する報告書を作成し、公表し公開する義務が求められる。組織の経営者は難民や困窮児童のための支援を考えて実行すること。

四－五十八　社員食堂

組織の経営者は、社員食堂の設置についての検討をし、可能な限り社員食堂を設けることが望ましい。

食堂のある企業の経営者は従業員に安くて人気の高いメニュー等を提案し推進するようにしてほしい。

就業時間外でも食堂利用が可能なケースがあり、効率的な食堂運営を考えてみるとよいでしょう。

四―五十九　生活相談

組織は従業員の生活相談窓口を設け、幅広く対応できることが望ましい。住宅問題、生活資金問題、結婚問題、その他の悩みを安心して相談ができる環境を整えることが望ましい。

定年退職後の相談もできるようにすること。

四―六十　国際社会との交流

組織は国際社会との交流を図り、我が国の文化や芸術等に関する貢献ができるか否か考えてみましょう。

外国留学生受け入れもよいでしょう。

又会社の従業員の海外留学制度の導入もよいでしょう。

技術支援を海外で行うこともよいでしょう。

従業員の自宅へのホームステイ制度の導入も考えてみてはどうでしょう。

四―六十一　経歴書

経歴書を作成し有効に活用すること。経歴書は事業や活動の新規参入に役立てること。経歴書を事前に作成し、必要性が生じた時、経歴書が提出できるように準備すること。必要性に応じ外国語の経歴書も作成して置けばよいと思う。

四―六十二　カタログ

製品の販売にはカタログを作成し、顧客に製品情報を提供する必要がある。カタログは分かりやすく、検索しやすいものであること。カタログには製造年月日が記載されていること。

電子カタログを作成し、容易に検索できること。

カタログは請求された時、容易に入手できること。

外国語のカタログも作成すれば、外国からの引き合いも生じるでしょう。

四―六十三　名刺

業務活動には名刺がよく使われる。名刺には名前や住所、営業品目等が記載されており、目的に応じて作成されます。

名刺カードを利用して、自分のお気に入り名刺を作ることもある。

一人で幾種類かの名刺を作り、時と場合で名刺の使い分けもすることも考えられる。

安くて便利な名刺を活用してビジネスに役立てましょう。

四―六十四　社名

社名を新規につけようと考えた時や、社名変更したい時、どのような名称にすればよいかを検討する。

漢字やカタカナ、ローマ字等いずれに決めるかという選択肢もありますが輸出企業の社名は読みやすさ、親しみやすさが大切な要素ではないでしょうか。

短くて覚えやすい名称が、近年増えているように思う。

そして広く一般からの提案を募ることである。

数多い提案の中から最も良いと思われる数点に絞り関係者により人気投票で最終決定するようにすればどうでしょうか。

採用が決まった提案者には思い切った賞金を出しましょう。

第五部

五―一　昭和初期の世界の動向

昭和六年（一九三一年）九月十四日、日本が満洲に侵攻。

昭和十年（一九三五年）、イタリアがエチオピアを侵攻征服、合併。

昭和十一年（一九三六年）、ナチスドイツと日本帝国がソビエト連邦と、国際共産主義運動に対する防共協定に調印。

昭和十二年（一九三七年）、日本が中国に侵攻し、太平洋地域での第二次世界大戦が勃発。

昭和十四年（一九三九年）九月、ナチスドイツがポーランド侵攻。イギリスとフランスがドイツ軍に対しポーランドからの撤退を要求。イギリスがドイツに宣戦布告。オーストラリア、ニュージーランド、英領だったインド帝国がドイツに宣戦布告。フランスがドイツに宣戦布告。カナダがドイツに宣戦布告。これらは昭和十四年（一九三九年）九月一日から十日までの間に発生しています。又ソビエト連邦がポーランドを攻撃。

昭和十六年（一九四一年）、ナチスドイツとその枢軸国（ブルガリアを除く）がソビエト連邦に侵攻。

そして昭和十二年（一九三七年）七月、日中戦争勃発（盧溝橋事件）。昭和十二年（一九三七年）十二月、日本軍上海に上陸、南京占領。昭和十六年（一九四一年）、日本軍マレー半島コタバルに上陸。昭和十六年（一九四一年）十二月七日、日本がマレー沖海戦でイギリス戦艦二隻撃沈。フィリピンの首都マニラを占領。アメリカ軍がバターン半島へ退却。日本軍が香港攻撃。イギリス軍降伏。日本軍真珠湾攻撃。

昭和十七年（一九四二年）二月、日本軍がオランダ領インドスマトラ島パレンバン奇襲降下作戦を実施、占領。シンガポール攻略、イギリス軍降伏。昭和十七年（一九四二年）三月、日本軍がビルマの首都ラングーン占領。日本軍がジャワ島占領、オランダ軍全面降伏。昭和十七年（一九四二年）四月、バターン半島アメリカ軍降伏。昭和十七年（一九四二年）八月、ガダルカナル島の日本兵全滅。昭和十七年（一九四二年）十月、日本軍とアメリカ軍がガダルカナル島で南太平洋海戦。昭和十八年（一九四三年）二月、日本兵のガダルカナル島撤退。昭和十八年（一九四三年）五月、アッツ島玉砕。昭和十八年（一九四三年）十二月、学徒出陣。昭和十九年（一九四四年）七月、サイパン島玉砕。昭和十九年（一九四四年）八月、グアム・テニアン島玉砕。昭和十九年（一九四四年）十月、沖縄全域に大規模空爆で那覇市壊滅。昭和十九年（一九四四年）十一月、人間魚雷出撃。昭和二十年（一九四五年）一月、アメリカ軍がフィリピンルソン島上陸。昭和二十年（一九四五年）三月、硫黄島陥落。東京大空襲。昭和二十年（一九四五年）四月、沖縄上陸。昭和二十年（一九四五年）七月、アメリカ軍が原爆実験に成功。その一か月後の八月六日、広島に原爆投下。ソビエト連邦の満州侵攻。ポツダム宣言受諾。我が国は無条件降伏しました（注記）。

注記・参考資料はウィキペディア第二次世界大戦の年表（１９３９年）第二次世界大戦：時系列。

五―二　私の生き方

私は二十代前半まで学生生活を送り、社会人としての一般的教養を身につけて、会社という組織に就職し、実社会人としての業務を通して豊富な経験と知識を体得することができました。

T商事東京支店でのサービスの仕事で、修理品を媒体として顧客と外部機関との折衝を行い、又製品修理技術を修得できたことは若かった私にとり大変有益でした。そしてS社に転籍後には、業務用放送局向けの開発試作部門で多くの体験をし、別の製造部門では品質管理業務を通して製造会社の経営とはどのような組織機能が必要なのかをしっかりと学習体験しました。又、企画管理部門や情報関連組織での各種業務を経験し、幅広い視野での社会人としての教養を無意識の状況下で習得していたように思います。

五十歳を過ぎてから、社団法人日本電子機械工業会のS社代表として七年間、家電製品の国内安全技術委員会副委員長等の要職に就きました。社団法人日本機械検査検定協会との合同会議や交流は、私に大変大きな影響を与えてくれたと思います。

又、四十代後半から副業を始め、公益診断業務に就き私の社会との関わり方がいつしか変わり始めました。

三十代になり私は会社員だけが人生ではないことに気付き、退職後は経験と知識を活用して、自分のやりたい仕事をできる限り探し出して、体力の続く限り活動しようと考えるようになりました。幸いにも六十歳過ぎから、数多くの仕事に携わる機会を授かりました。

S社のみならず、行政機関の数多くの人々に助けられ支えられて、やってこれたことを、大変幸せと感謝の念に堪えません。

周囲の人々と協力し合い助け合う心構えが、人生では欠かせません。

人は健康を維持するための日々のケアも非常に大切だと思います。

病気がちだった自分が九十歳の今まで生きられたことを不思議に思います。

これも運命としか考えられません。

人生百年時代を迎えてどのような生き方をするのか、人それぞれだと思いますが楽しくて、悔いのない人生を送れたらよいと思います。

五―三　経験と専門性を活用した仕事選び

過去の仕事の経験から、自分で将来この職種なら新規に取り組んでみたいと思えば、多少知識が不十分であっても、努力を続けていくことで確実にその分野の専門性を身に付けることが可能だということが分かりました。

私が新規に取り組んできたどの仕事に関しても、このような考えの基に仲間同士による専門研究会を八十歳近くまで続けてきたことが、一つの生き甲斐であり楽しみでもあったのです。

私はこの先の時代の要請に応えるためにどのような専門的知識の習得が必要であるのか、常に感覚のアンテナを張り巡らせて対応してきました。

社会ニーズは時の流れで激変し、急に現在まで続けてきた仕事量が少なくなったりする場合もあり、なぜかを確かめる必要性があります。

情報の収集方法に問題がないかを確認するとともに、いつまで仕事を続けるかを考えて決断すべきです。

経験は個人差があり仕事の種類によっては向き不向きもあるので、自分はどの職種を選べば、この先やっていけそうかを考えて努力することが大切です。

私の経験では一つの仕事に七年間就けば、専門性が身につくように思います。会社では、理想的な職場はないものと考えて、どのような仕事であっても将来経験しておけばよかったと思う日がやってくるでしょう。チャンスを確実に掴むように心掛けることが重要です。

私は会社を辞めてから、今まで経験のない仕事を要請された場合や、情報や知識が不十分であると思った時は、会社で親しかった人に電話連絡し、私はその会社に出かけて相談し、助けてもらいました。

私の勤めていた会社はいつの間にか大会社となり、社内はまるで細分化された大学の組織体のように情報豊富な最前線組織体でした。

有能な人材が豊富です。できれば積極的に自分でアクセスしコミュニケーションを取り、情報の収集や知識の収集のための努力をするとよいでしょう。

仕事仲間の間での揉め事は避けることが大切です。色々な人との交流により、自分の知識に頼らず、相談して人の意見も聞き入れて、仕事に取り組む方がよいでしょう。

一つの仕事を生涯続ける生き方もよいかもしれません。

どのような道を選び切り開いていけばよいのか、明確な意思決定ができればよいでしょう。

長いようで短い人生を、どのように送るかを決めるのは、人ではなく自分です。

健康に留意し過度な無理は禁物です。重要な仕事や役割に就いて、身体を悪くする場合もあり得ます。

歳をとり色々な機能が低下して、作業時間が増えましたが、私は電動自転車で食材を購入し、買ってきた材料で家族のために料理を毎食準備します。失敗した料理は自分が食べて、家族に出さないこと。自宅の外壁のペンキ塗りから、防災小屋の造作、家電製品等の修理、庭や道路掃除、庭木の手入れ、野菜の栽培、腕時計の電池交換、衣類の買物、家族の衣類の洗濯、冷蔵庫内の食品チェック、天井照明器具の取り換えや電動自転車の修理、タイヤ交換、地デジアンテナ、ＢＳアンテナ工事等、全て時間があれば自分でできるのです。

二階の屋根に届く七メートルはしごを使い、樋金具の取り換え等、必要な材料は次男の運転する車でホームセンターに行き、買物をしています。

九十歳の現在も私の暇な時間はありませんが、最近ではＢＳ放送をよく見るようになりました。

日本の国は自然と調和した木材を使った住宅生活が楽しめて、食べ物も種類が多く、生活には大変恵まれているように思います。

そして平和な国際社会が永続的に私達の暮らしをより良いものにしてくれますようにと、願ってやみません。

〈著者紹介〉

角 礼可（かど れいか）

1932年（昭和7年）富山県生まれ。

1957年（昭和32年）

T商事株式会社東京支店勤務（都内でパート、学校、T特約店を担当し、ラジオ、テープレコーダーに関わる。

1959年（昭和34年）

T通信工業株式会社に転籍。S株式会社に社名変更（東京品川本社、羽田工場、横浜TEC S事業所にそれぞれ勤務）第二製造部。記録機高事業部、企画業務部、S高専、製品安全センター、品質信頼性本部等でそれぞれ勤務。社団法人日本電子機械工業会会員登録、テレビ、ラジオ、ビデオカメラ各小委員主査歴任。国内安全委員会副委員長。

1970年（昭和45年）

公益社団法人神奈川県経営診断協会会員登録（川崎市内企業交流データベース調査員）。公益財団法人けいしん神奈川に名称変更（当法人の役員選考委員と理事に就任、中小企業経営診断、設備貸与診断、環境改善指導員）。

1993年（平成6年）10月

JICAタイ王国工業省標準化試験研修プロジェクトチームメンバーに参加。

1995年（平成7年）4月

社団法人日本規格協会嘱託（品質マネジメントシステム審査員）。中小企業診断士、神奈川県経営指導士資格更新研修講師、中小企業事業団嘱託（環境改善指導員）、神奈川県立中央図書館（企業経営相談、創業相談員）。

1995年（平成7年）5月

プレス加工部品の代替洗滌システムの選択（日刊工業新聞社月刊誌）。

1997年（平成9年）2月

サウジアラビア王国（消費者保護）予備調査プロジェクト要員の入札に失敗。

生涯現役《しょうがいげんえき》を目《め》指《ざ》した私《わたし》の生《い》き方《かた》
短《みじか》い人生《じんせい》をどう生《い》きるか

2024年2月28日　第1刷発行

著　者　　角 礼可
発行人　　久保田貴幸

発行元　　株式会社 幻冬舎メディアコンサルティング
　　　　　〒151-0051　東京都渋谷区千駄ヶ谷4-9-7
　　　　　電話　03-5411-6440（編集）

発売元　　株式会社 幻冬舎
　　　　　〒151-0051　東京都渋谷区千駄ヶ谷4-9-7
　　　　　電話　03-5411-6222（営業）

印刷・製本　中央精版印刷株式会社
装　丁　　村上次郎

検印廃止

ISBN 978-4-344-94999-7 C0095
幻冬舎メディアコンサルティングＨＰ
https://www.gentosha-mc.com/